Jacqueline Tross

Divers versus verständlich?

Inklusion und Gesellschaft, Band 6

Jacqueline Tross

Divers versus verständlich?

Gendergerechte Formulierungen in Texten der Leichten Sprache

Frank & Timme
Verlag für wissenschaftliche Literatur

Umschlagabbildung: © pict rider – stock.adobe.com

ISBN 978-3-7329-0992-6
ISBN E-Book 978-3-7329-8945-4
ISSN 2627-9444

Herstellung durch Frank & Timme GmbH,
Wittelsbacherstraße 27a, 10707 Berlin.
Printed in Germany.
Gedruckt auf säurefreiem, alterungsbeständigem Papier.

www.frank-timme.de

Inhaltsverzeichnis

Abkürzungsverzeichnis

Abs.:	Absatz
AGG:	Allgemeines Gleichbehandlungsgesetz
Art.:	Artikel
BFIT-Bund:	Überwachungsstelle des Bundes für Barrierefreiheit in der Informationstechnik
BGG:	Behindertengleichstellungsgesetz
BITV:	Barrierefreie-Informationstechnik-Verordnung
BMAS:	Bundesministerium für Arbeit und Soziales
DBSV:	Deutscher Blinden- und Sehbehindertenverband
gB:	geistige Behinderung
GfdS:	Gesellschaft für deutsche Sprache
GG:	Grundgesetz
ICD:	International Classification of Diseases and Related Health Problems
i.S.d.:	im Sinne des
IQ:	Intelligenzquotient
LGBTI*Q:	Lesbische Frauen, schwule Männer, bi, inter und trans* Menschen
LS:	Leichte Sprache
PStG:	Personenstandsgesetz
RfdR:	Rat für deutsche Rechtschreibung
SGB:	Sozialgesetzbuch
UN-BRK:	UN-Behindertenrechtskonvention
WfbM:	Werkstatt für behinderte Menschen

Sprachliche Inklusion durch Verständlichkeit und Diversität

Seit Inkrafttreten der UN-Behindertenrechtskonvention im Jahr 2009 steigt das Bewusstsein der Gesellschaft für die Notwendigkeit sprachlicher Mittel, die Menschen mit geistiger Behinderung die Teilhabe an und den Zugriff auf Wissen und Informationen erleichtern oder gar erst ermöglichen – gemeint ist die Leichte Sprache als eine verständlichkeitsoptimierte Varietät des Deutschen und Form der barrierefreien Kommunikation.

Rund 10 Jahre später, im Dezember 2018, wurde daneben eine Änderung des Personenstandsgesetzes bewirkt. Diese „gesellschaftspolitische Revolution" (Prantl 2019, o. S.) brachte die Möglichkeit zur Eintragung der dritten Geschlechtsoption „divers" neben der männlichen und der weiblichen mit sich. Nicht erst seitdem haben sich viele verschiedene Arten der gendergerechten Schreibung verbreitet. Sei es mit Stern, Schrägstrich oder Doppelpunkt – alle Menschen jeglichen Geschlechts sollen angesprochen und nicht mehr nur „mitgemeint" werden.

So zeigt sich die Inklusion als gemeinsames Ziel der beiden so unterschiedlichen Sprachbewegungen, von denen die eine versucht, Texte weniger schwierig zu machen, während durch die teils kreativen Ideen der anderen scheinbar genau das Gegenteil bewirkt wird.

Da zunehmend auch versucht wird in der Leichten Sprache zu gendern, geht die vorliegende Arbeit der Frage nach, welche Herausforderungen von gendergerechten Formulierungen in der Leichten Sprache ausgehen, das heißt, *ob und wenn ja inwiefern der Genderstern Texte für Menschen mit geistiger Behinderung schwerer verständlich macht.*

Zur Beantwortung der Fragestellung befasst sich das erste Kapitel mit dem Diskurs rund um Gender und Sprache, wobei Herkunft und Kern des Genderbegriffs und die Entwicklung der gendergerechten Sprache dargelegt werden (vgl. Kap. 1.1), bevor anschließend die gesetzlichen Grundlagen und eine Auswahl der Möglichkeiten vorgestellt werden, mit denen alle Geschlechter sprachlich sichtbar gemacht werden können (Kap. 1.2). Zusammengefasst unter den Kontroversen zur Thematik werden in Kap. 1.3 verschiedene Meinungsumfragen und empirische Erhebungen vorgestellt, bevor ein Zwischenfazit diesen ersten Teil abrundet und zum Themenblock der Leichten Sprache im zweiten Kapitel überleitet. Dabei geht es zunächst um deren Entstehungshintergrund und Entwicklung (Kap. 2.1), bevor im Anschluss die Ziel- und Nutzergruppen (Kap. 2.2) sowie die Ziele und Funktionen der Varietät erläutert werden (Kap. 2.3). Im nachfolgenden Kap. 2.4 wird die Leichte Sprache in den Kontext der barrierefreien Kommunikation eingeordnet, indem zunächst diverse Kommunikationsbarrieren aufgezeigt werden (Kap. 2.4.1) und anschließend erläutert wird, wie diese durch die Leichte Sprache überwunden werden können (Kap. 2.4.2). Die Darstellung der gesetzlichen Grundlagen in Kap. 2.5 vervollständigt den zweiten Teil. In Kapitel drei werden die beiden vorgestellten Sprachvarianten schließlich vor dem gemeinsamen Kontext der sprachlichen Sichtbarmachung und Inklusion betrachtet, was wiederum die Grundlage der empirischen Erhebung in Kap. 4 bildet, mit der Antworten auf die Forschungsfrage erhoben werden sollen. Dafür werden zunächst die Ausgangslage, das Erkenntnisinteresse und die verfolgte Zielsetzung skizziert (Kap. 4.1) sowie Besonderheiten in Bezug auf die Befragung von Menschen mit geistiger Behinderung dargestellt (Kap. 4.2.). Abschließend wird in Kap. 4.3 das methodische Vorgehen offen gelegt. Dieses umfasst diverse Vorüberlegungen (Kap. 4.3.1.), die Materialauswahl (Kap. 4.3.2) und die Erläuterung des Erhebungsinstrumentes (Kap. 4.3.3) und geht anschließend über zu Feldzugang und Sampling (Kap. 4.3.4) und beschreibt schließlich den Pretest (Kap. 4.3.5), die Durchführung (Kap. 4.3.6) und zuletzt die Auswertung der Erhebung (Kap. 4.3.7). Im fünften Kapitel werden die Ergebnisse in der Reihenfolge der drei Teile nach dem Erhebungsinstrument (Teil 1a, 1b, 2) dargestellt (Kap. 5.1, 5.2, 5.3), bevor diese in Kapitel 5.4 im Hinblick auf deren Inhalt (Kap. 5.4.1) und die verwendete Methodik (Kap. 5.4.2) diskutiert werden. Das Fazit im sechsten Kapitel bildet das Ende dieser Arbeit.

1 Diskurse um Gender und Sprache

Im ersten Artikel des Allgemeinen Gleichbehandlungsgesetzes (AGG) werden unterschiedliche Gründe genannt, aufgrund derer Menschen diskriminiert werden[1]. Unter Aspekten wie Herkunft, Alter, Religion oder Behinderung findet sich dort auch die sexuelle Identität. Auch wenn diese nicht mehr oder weniger wichtig ist als die anderen Benachteiligungsgründe, wirkt doch keiner der anderen so polarisierend und zieht so viel Aufmerksamkeit im öffentlichen Diskurs auf sich (vgl. Eisenberg 2020, S. 3). Die Rede ist von der Diskussion um die Verwendung einer genderegerechten Sprache und der medialen Aufmerksamkeit, welche ihr seit einigen Jahren zukommt. Dort wird das Thema oft hitzig diskutiert und negativ geprägt, wenn beispielsweise von „Gender-Wahn" oder „Gender Gaga" die Rede ist bzw. die Debatte als „Angriff linksgrüner Gutmenschen auf die deutsche Kultur" bezeichnet wird (Bangel 2015, o. S.). Auf der anderen Seite wird die Verwendung einer gendergerechten Sprache dann wiederum vehement verteidigt und deren Relevanz anhand von wissenschaftlichen Erkenntnissen betont (vgl. Stefanowitsch 2020, o. S.).

Trotz der kontroversen Ansichten zum Thema, soll es in diesem Kapitel nicht darum gehen, den Genderdiskurs und die unterschiedlichen Möglichkeiten der sprachlichen Sichtbarmachung aller Geschlechtsidentitäten bzgl. richtig oder falsch zu beurteilen. Vielmehr wird es als gegeben vorausgesetzt, dass das Gendern in vielen Feldern der Gesellschaft immer präsenter wird und mehr Anwendung findet.

Nachfolgend werden daher die wichtigsten Aspekte rund um den Diskurs von Gender und Sprache dargestellt. Dazu wird in Kapitel 1.1 zunächst Bezug auf die Herkunft und Bedeutung des Begriffs sowie die Entwicklung einer gendergerechten Sprache in Deutschland genommen. Anschließend wird in Kap. 1.2 zunächst auf die gesetzliche Grundlage der sprachlichen Sichtbarma-

1 „Ziel des Gesetzes ist, Benachteiligungen aus Gründen der Rasse oder wegen der ethnischen Herkunft, des Geschlechts, der Religion oder Weltanschauung, einer Behinderung, des Alters oder der sexuellen Identität zu verhindern oder zu beseitigen."

chung eingegangen, bevor unterschiedliche Varianten einer gendergerechten Schreibung vorgestellt werden. Abschließend wird versucht, die verschiedenen Blickwinkel darzustellen: Von den Beurteilungen des Genderns durch die Bevölkerung, über prägnante wissenschaftliche Ergebnisse bis hin zu den Empfehlungen bestimmter gendergerechter Varianten durch weisungsgebende Institutionen wie den Rat für deutsche Rechtschreibung und die Gesellschaft für deutsche Sprache.

1.1 Gender in der Sprache

Herkunft des Genderbegriffs

‚Gendern' bedeutet, darauf zu achten, dass nicht nur Männer, sondern Personen aller Geschlechter sprachlich angemessen repräsentiert werden (vgl. Diewald 2020, S. 4). Der Begriff ‚Gendern' oder auch der Ausdruck ‚gendergerechte Sprache' basieren auf dem englischen Wort *gender*, welches als das soziale Geschlecht einer Person beschrieben werden kann. Der Begriff stammt aus der medizinischen Forschung mit intersexuellen Personen während der 1960er Jahre. Er wurde verwendet

> „um die Annahme zu verdeutlichen, dass die Sozialisation der Individuen für die Geschlechterzugehörigkeit bzw. Geschlechtsidentität verantwortlich ist", woraufhin begonnen wurde, das soziale Geschlecht unabhängig vom biologischen zu betrachten. (Deutscher Bundestag, Wissenschaftliche Dienste 2016, S. 5).

Im Zentrum der Diskussion: Genus, Sexus und generisches Maskulinum

Im Deutschen besitzen alle Nomen ein grammatisches Geschlecht, welches im Singular durch den entsprechenden Artikel (der, die oder das) deutlich gekennzeichnet wird. Es wird als „Genus" bezeichnet (vgl. Hetjens; Rummel 2021, o. S.). Zudem hat jedes Lebewesen ein biologisches Geschlecht, welches Sexus genannt wird (vgl. Diewald 2020, S. 4f.). Die öffentlich geführte Diskussion über die unterschiedlichen Möglichkeiten einer gendergerechten Sprache basiert auf der Uneinigkeit darüber, wie – in Bezug auf Personenbezeichnungen – das grammatische Geschlecht mit dem biologischen oder dem sozialen Geschlecht zusammenhängt (vgl. Hetjens; Rummel 2021, o. S.). So verteidigen die einen das sog. generische Maskulinum und sprechen sich dafür aus,

> „dass grammatisch männliche Bezeichnungen für alle Personen ‚gelten', das heißt, dass zum Beispiel Schüler eine neutrale Bezeichnung für Schüler*innen jeglichen Geschlechts sei." (Müller-Spitzer 2022, S. 23).

Andere wiederum – diejenigen, die die Anwendung einer gendergerechten Sprache befürworten – postulieren, dass Genus und Sexus „kategorial deutlich auseinandergehalten werden müssen", auch wenn das grammatische Geschlecht bei Personenbezeichnungen oft auch deren biologisches oder auch deren soziales Geschlecht widerspiegelt (ebd.).

Entwicklungen hinsichtlich der Sichtbarmachung von Gender in der Sprache

Erste Bemühungen um die Sichtbarmachung von Geschlecht in der Sprache finden sich in der feministischen Linguistik, bzw. der synonym verwendeten feministischen Sprachkritik, welche ihren Ursprung in den USA der 1970er Jahre hat. Dort befasste sich 1973 erstmals Robin Lakoff mit der Marginalisierung der Frau in der Sprache (vgl. Diewald; Steinhauer 2020, S. 28; vgl. Lakoff 1973). Nach den Anfängen in den USA und später in Frankreich, erlangte die feministische Linguistik zu Beginn der 1980er Jahre auch in Deutschland Relevanz. Erste Vertreterinnen waren Senta Trömel-Plötz oder Luise F. Pusch (vgl. Reiss 2010, S. 750). Die Grundlage ihrer Arbeiten bildet die Annahme, dass die deutsche Sprache Frauen aufgrund des Prinzips „male as norm"[2] und

2 „Male as norm" („das Männliche als Norm") beschreibt das Prinzip, wonach der Kategorie „Mann" eine größere Bedeutung zugesprochen wird als der Kategorie „Frau"; erstere wird daher als Norm für alle Lebensbereiche angelegt, während zweitere als von der ersten abhängig gilt und lediglich eine untergeordnete Rolle spielt (vgl. Diewald; Steinhauer 2020, S. 15f.).

der sprachlichen Strukturen diskriminiere, weshalb es sich die feministische Sprachkritik zur Aufgabe gemacht hat, diese diskriminierenden und sog. sexistischen Strukturen aufzuzeigen (vgl. Diewald; Steinhauer 2020, S. 15f.; S. 28f.; Reiss 2010, S. 751). Pusch selbst bezeichnet die feministische Linguistik als ‚parteilich', da sie auf die „Änderung des Systems in Richtung auf eine gründliche Entpatrifizierung und partielle Feminisierung" abziele, um eine sprachliche Gleichberechtigung der beiden binären Geschlechter zu erreichen (Pusch 1990, S. 13).

1.2 Gender und Repräsentation

Gesetzliche Grundlagen des Genderdiskurses

Zu Beginn der Genderdiskussion wurde ein Modell der ausschließlichen Zweigeschlechtlichkeit zugrunde gelegt, welches heute als tradiert betrachtet werden muss und sich nicht zuletzt durch die Änderung des Personenstandsgesetzes (PStG) im Dezember 2018 im Umbruch befindet (vgl. Diewald 2020, S. 3). Durch diese Änderung ergibt sich für im Gesetz sog. „Personen mit Varianten der Geschlechtsentwicklung" die Möglichkeit, neben den Geschlechtseintragungen „männlich" und „weiblich" die dritte Geschlechtsoption „divers" auszuwählen. Daher ist nicht nur der Artikel 3 Abs. 2 Grundgesetz (GG), der die Gleichberechtigung von Männern und Frauen regelt[3], als wichtige gesetzliche Grundlage zu nennen, sondern dieser wird zudem durch die dritte Geschlechtsoption nach §45b Abs. 1[4] i. S. d. §22 Abs. 3[5] PStG ergänzt.

3 „Männer und Frauen sind gleichberechtigt. Der Staat fördert die tatsächliche Durchsetzung der Gleichberechtigung von Frauen und Männern und wirkt auf die Beseitigung bestehender Nachteile hin."

4 „Personen mit Varianten der Geschlechtsentwicklung können gegenüber dem Standesamt erklären, dass die Angabe zu ihrem Geschlecht in einem deutschen Personenstandseintrag durch eine andere in § 22 Absatz 3 vorgesehene Bezeichnung ersetzt oder gestrichen werden soll. […]."

5 „Kann das Kind weder dem weiblichen noch dem männlichen Geschlecht zugeordnet werden, so kann der Personenstandsfall auch ohne eine solche Angabe oder mit der Angabe ‚divers' in das Geburtenregister eingetragen werden."

Möglichkeiten der sprachlichen Repräsentation aller Geschlechter

Durch die gesetzliche Grundlegung eines dritten Geschlechts, hat sich „[a]uch der Blick auf die prototypische Kategorisierung von Geschlecht und die dafür vorhandenen sprachlichen Ausdrucksmittel […] verschoben." (Diewald 2020, S. 7). Allerdings gibt es noch keine einheitliche Regelung, wie alle Geschlechter sprachlich gleichermaßen repräsentiert werden können. Stattdessen wird aktuell auf unterschiedliche, teils kreative Weisen versucht, durch Anpassungen der deutschen Sprache gute Wege zu finden, die Gleichberechtigung von Mann, Frau und allen Menschen, die sich keinem dieser beiden Geschlechter zuordnen können, auch sprachlich sichtbar zu machen. Dabei lassen sich geschlechtergerechte, gendergerechte und geschlechtsneutrale Möglichkeiten unterscheiden.[6]

Ersteres bedeutet, dass nur Männer und Frauen angesprochen werden. So bspw. durch die *Paarform (ausführliche Beidnennung)*, durch die explizit und ungekürzt beide Geschlechter genannt werden (z. B. *sehr geehrte Damen und Herren, liebe Schülerinnen und Schüler*). Sie sei nicht nur die eindeutigste und höflichste, sondern auch die längste Form (vgl. Diewald; Steinhauer 2020, S. 118).

Bei der *Schrägstrichvariante (verkürzte Beidnennung)* wird die weibliche Endung durch einen Schrägstrich und einen Bindestrich angehängt (z. B. *Lehrer/-innen*). Im Vergleich zur Paarform ist diese Variante kürzer und somit in geschriebenen Texten platzsparender (vgl. Diewald; Steinhauer 2020, S. 122f.; Rüdebusch 2020, S. 53). Die *Binnenmajuskel* oder das *Binnen-I* stellt eine weite-

6 In der vorliegenden Arbeit ist von gendergerechter und nicht von geschlechtergerechter Sprache die Rede, da der Fokus bewusst auf die sprachliche Sichtbarmachung aller Menschen gelegt wurde und nicht nur auf solche, die sich einem bestimmten Geschlecht zuordnen.

Zudem ist die Darstellung der unterschiedlichen Varianten eine Zusammenstellung aus verschiedene Quellen. Dabei wurden die wesentlichen und relevantesten Formen ausgewählt und zusammengetragen; auf die Darstellung sehr außergewöhnlicher und wenig verbreitetet Formen (bspw. Formen des Entgenderns nach Lann Hornscheidt mit der Endung -x oder das ‚Entgendern nach Phettberg') wurde aufgrund der geringen Relevanz im Kontext der Leichten Sprache verzichtet. Für einen detaillierteren Überblick siehe: Diewald & Steinhauer 2020; Rat für deutsche Rechtschreibung (RfdR) 2018; Rüdebusch 2020.

re Verkürzung der Schrägstrichvariante dar: Der Schrägstrich, der Bindestrich und das kleine i verschmelzen zu einem großen I, welches wiederum kennzeichnen soll, dass es sich nicht nur um die weibliche Form handelt, sondern auch Männer angesprochen werden (z. B. *VertreterInnen*) (vgl. Eisenberg 2020, S. 5; Rüdebusch 2020, S. 54f.).

Neben den geschlechtergerechten Varianten ermöglichen die gendergerechten Formen die sprachliche Darstellung und Gleichberechtigung aller Menschen jeglichen Geschlechts. Dazu zählen v. a. unterschiedliche Sparschreibungen mit sog. Genderzeichen, die durch Satz- und Sonderzeichen dargestellt werden. Die bedeutendsten Formen sind:

> Der *Gendergap* (von engl.: Lücke) – dieser wird durch den Unterstrich dargestellt, an den die weibliche Endung angehängt wird (z. B. *Zuhörer_innen*). Er symbolisiert einen leeren Abgrund, welcher für Geschlechtslosigkeit steht (vgl. Eisenberg 2020, S. 8).
>
> Durch den *Doppelpunkt* wird ebenfalls die weibliche Endung an die männliche Form angehängt (z. B. *Student:innen*). Diese Variante fand vor allem in sozialen Netzwerken starken Anklang, da sie als barrierefreier für Menschen mit Sehbeeinträchtigung galt (vgl. Rocktäschel 2021, S. 131). Allerdings stimmt diese Annahme so nicht mehr und auch der Deutsche Blinden- und Sehbehindertenverband (DBSV) bevorzugt die Verwendung des Doppelpunktes nicht (vgl. Bethke 2020, S. 43).
>
> Während der Gendergap Geschlechtslosigkeit symbolisiert, steht die zu allen Seiten hin geöffnete Sternform des *Asterisks* oder *Gendersterns* für die Repräsentation aller Geschlechter (vgl. Eisenberg 2020, S. 8f.). Auch er wird zwischen die männliche Form und die weibliche Endung eingefügt (z. B. *Verkäufer*innen*). Seit 2015 findet er nicht nur im Hochschulkontext und in der öffentlichen Verwaltung Anwendung, sondern zunehmend auch in den Medien (vgl. RfdR 2018, S. 10).

Besonders an den gendergerechten Formen ist, dass diese nicht nur durch die Platzierung von Satz- und Sonderzeichen im Wortinneren auffallen, sondern auch im gesprochenen Wort durch den sog. Glottisschlag, also eine kurze Sprechpause, hörbar gemacht werden (vgl. Apel; Méndez; Michaux 2021, S. 35).

Neben gendergerechten und geschlechtergerechten Möglichkeiten lassen sich geschlechtsneutrale Formulierungen finden. Diese nutzen – anders als der Großteil der bisher vorgestellten Varianten – die gegebenen grammatikalischen Möglichkeiten der deutschen Sprache, ohne durch Zeichen in die Wörter einzugreifen. Durch allgemeine, umschreibende Formulierungen werden Personen angesprochen, ohne direkt Bezug auf deren Geschlecht zu nehmen:

> Um *substantivierte Partizipien* oder die *Partizipialform (im Plural)* zu bilden, können sowohl das Partizip I (studieren: studierend → *die Studierenden)* als auch das Partizip II (wählen: gewählt → *die Gewählten)* verwendet werden (vgl. Diewald; Steinhauer 2020, S. 129). Viele dieser Formen finden bereits jetzt im alltäglichen Sprachgebrauch Anwendung (vgl. Eisenberg 2020, S. 4f.).

> Zur *Neutralisierung* gehören die Verwendung von geschlechtsindifferenten Substantiven (z. B. *Menschen, Personen, Lehrpersonal, Pflegekräfte*), der Gebrauch von substantivierten Adjektiven (z. B. *die ehrenamtlich Tätigen*) oder Umformulierungen bspw. mit Hilfe von Relativsatzkonstruktionen (z. B. *diejenigen, die sich in Krankenhäusern um andere kümmern* statt Krankenpfleger). Diese Formen haben den Vorteil, dass sie nicht vom Inhalt des Satzes ablenken und eine Konzentration auf die wesentlichen Inhalte ermöglichen (vgl. Diewald 2020, S. 8f.).

> Daneben bieten *Passiv-* und *Infinitivkonstruktionen* durch den Verzicht von Aktivformen, die Möglichkeit, das Geschlecht einer Person umgehen zu können (z. B.: *Es wird analysiert,* anstatt: Der Psychologe analysiert). Zudem kann dadurch auch auf das Pronomen „man“ verzichtet werden (RfdR 2018, S. 3).

Egal welche Variante des Genderns gewählt wird, die gendergerechte Sprache stellt insgesamt ein wichtiges Instrument zur Teilhabe und Gleichstellung aller Menschen dar (Diewald; Steinhauer 2020, S. 8) und richtet sich – anders als die Leichte Sprache, die in Kapitel 2 dieser Arbeit behandelt wird – nicht an eine bestimmte Zielgruppe, sondern an alle, die Deutsch sprechen, lesen oder schreiben.

1.3 Kontroversen um gendergerechte Sprache

Die Beurteilung des Genderns durch die Bevölkerung

Die Versuche, alle Geschlechter im Deutschen sichtbar zu machen, stoßen in der Bevölkerung nicht immer auf Zustimmung, wie unterschiedliche Meinungsumfragen der letzten Jahre zeigen. So ergab bspw. eine Onlineumfrage des Marktforschungsinstituts YouGov zur Wichtigkeit des Genderns, die im Mai 2020 mit 970 volljährigen Personen durchgeführt wurde, dass rund ein Drittel der Befragten (31%) das Gendern als „sehr unwichtig" empfindet und das Thema nur von sieben Prozent als „sehr wichtig" beurteilt wird, wobei es Frauen als etwas wichtiger erachten als Männer (vgl. YouGov 2020).

Im Rahmen des ZDF-Politbarometers wurde von der Forschungsgruppe Wahlen im Juli 2021 eine telefonische Befragung mit 1224 wahlberechtigten Personen durchgeführt, bei der die Wichtigkeit der Nutzung einer geschlechtergerechten Sprache durch die Medien beurteilt werden sollte. Die erhaltenen Antworten sprechen noch mehr gegen das Gendern, welches von nur sechs Prozent als „sehr wichtig", dahingegen von 48% der Befragten als „überhaupt nicht wichtig" eingeschätzt wird (ZDF 2021, Folie 18). Das Einfügen von Trennungszeichen (wie bspw. dem Genderstern, dem Gendergap oder dem Doppelpunkt) und die daraus entstehende Sprechpause fanden gar 71% der Teilnehmenden „nicht gut" (ebd., Folie 19).

Einer im Mai 2021 veröffentlichten Umfrage von Infratest dimap, für die 781 Personen telefonisch und 417 Personen im Rahmen von Online-Interviews befragt wurden (ges.: 1198), kann sogar entnommen werden, dass die Ablehnung gegenüber einer gendergerechten Sprache – trotz oder vielleicht sogar wegen der zunehmenden Präsenz in Medien und Öffentlichkeit – steigt.

Demnach ist der Anteil von Befürworter*innen (ges.: 26%; Vorjahr: 35%) zugunsten der Ablehnenden um neun Prozentpunkte gesunken (ges.: 65%; Vorjahr: 56%; vgl. Infratest dimap 2021).

An dieser Stelle muss jedoch angemerkt werden, dass eine Meinungsumfrage keine wissenschaftliche Studie, sondern vielmehr ein Stimmungsbild zu einem Thema darstellt. Dennoch werden Umfragen wie diese oft von den Medien verwendet, um die ohnehin bereits kontrovers geführte Debatte weiter anzufeuern – so auch in einem exemplarischen Artikel aus „die WELT“, in dem die Ergebnisse der Meinungsumfrage von Infratest dimap aufgegriffen werden, um damit gegen eine gendergerechte Sprache zu argumentieren (vgl. Gaschke; Schuster 2021, o. S.). Da diese Umfragen jedoch keine fundierten Informationen zum Thema liefern, sondern lediglich Meinungen abfragen, rufen die Ergebnisse unterschiedliche Vorstellungen hervor und es ist insgesamt unklar, was genau überhaupt befürwortet oder abgelehnt wird.

Deshalb ist es notwendig, nicht nur Meinungsumfragen, sondern in erster Linie wissenschaftliche Studien zu betrachten, die sich differenziert mit der Thematik beschäftigt haben.

Empirische Studien als wissenschaftliche Grundlage des Genderdiskurses

So wurde auch empirisch die Haltung der Bevölkerung zur Verwendung, bzw. zu den unterschiedlichen Formen einer gendergerechten Sprache untersucht (vgl. Adler; Plewina 2019 und Adler; Hansen 2020). Dafür wurde das Onlinemodul der Deutschlanderhebung 2017/2018 genutzt, um „erstmals valide Daten zu den Meinungen der Sprachteilhaber zu[r] […] sprachsoziologisch strittigen Frage [des Genderns (Anm. d. Verf.)] zu bekommen.“ (Adler; Plewina 2019, S. 150). Dabei konnte zum einen herausgefunden werden, dass das Gendern noch ein Randthema darstellt, welches nicht pauschal, sondern, wenn überhaupt, nur von Einzelnen als negativ empfunden wird (vgl. Adler; Hansen 2020, S. 55). Zum anderen zeigte sich die Partizipialform mit 46% als die mit Abstand bevorzugte Version, vor der Beidnennung und dem generischen Maskulinum mit jew. 17%. Die Schrägstich-Variante folgte mit acht Prozent; alle anderen Formen fanden kaum Beachtung (vgl. Adler; Plewina 2019, S. 151f.).

Als wichtige soziodemographische Einflussfaktoren stellten sich das Alter und die politische Orientierung heraus (vgl. Adler; Hansen 2020, S. 58).

Daneben wurden über die vergangenen Jahrzehnte Erhebungen durchgeführt, die sich mit der Wirkung des generischen Maskulinums auf die Geschlechtervorstellungen sowie der Verarbeitung und dem Verständnis der unterschiedlichen Gendervarianten beschäftigt haben. Die für diese Erhebung bedeutendsten werden im Folgenden kurz skizziert.[7]

Braun et al. (2007): „Aus Gründen der Verständlichkeit ..."

Ausgangspunkt der Forschung von Braun et al. (2007) war die häufig angemerkte Annahme, dass geschlechtergerechte Formulierungen nicht gut lesbar seien und sich diese daher negativ auf die Verständlichkeit von Texten auswirken. Da der Einsatz von sog. Disclaimern[8] für die Verfasser*innen keine zufriedenstellende, geschlechtergerechte Lösung darstellte, sollte herausgefunden werden, wie sich geschlechtergerechte Formulierungen in Texten zum einen auf die Erinnerungsleistung bzgl. der Inhalte auswirken und zum anderen, wie geschlechtergerechte Texte hinsichtlich der Textqualität (Verständlichkeit, Formulierungen, Lesbarkeit) beurteilt werden. Dafür lasen 86 Teilnehmer*innen je drei verschiedene Versionen (im generischen Maskulinum, mit Binnen-I und der Paarform) einer fiktiven Packungsbeilage eines Medikamentes. Es stellte sich heraus, dass die Erinnerungsleistung bei Männern und Frauen bei allen drei Formen ähnlich gut war. Auch bewerteten Frauen die drei Textvarianten bzgl. der Textqualität und des Textverständnisses ähnlich gut; die männlichen Probanden beurteilten die Version mit dem generischen Maskulinum etwas besser als die anderen beiden (vgl. Braun et al. 2007, S. 183ff.). So kann festgehalten werden, dass

7 Insgesamt kann hier nur ein kurzer Überblick über die für die Arbeit relevantesten Untersuchungen gegeben werden. Für eine umfangreichere Darstellung siehe: Kotthoff; Nübling (2018).

8 Der Disclaimer wird bisher vorwiegend in wissenschaftlichen Texten oder auf Internetseiten genutzt, um darauf hinzuweisen, dass aus Gründen der besseren Verständlichkeit/Lesbarkeit, ausschließlich die maskuline Personenbezeichnung verwendet wird, wobei alle anderen Geschlechter mitgemeint seien (vgl. Bedijs 2021, S. 160ff.).

„die kognitive Verarbeitung von geschlechtergerechten Texten ähnlich erfolgreich verläuft wie die Verarbeitung von generisch maskulinen Texten. Nach den vorliegenden Befunden scheint es also nicht erforderlich zu sein, aus Gründen der Verständlichkeit Texte im generischen Maskulinum zu formulieren.“ (ebd., S. 189).

Friedrich/Heise (2019): „Does the Use of Gender-Fair Language Influence the Comprehensibility of Texts?“

Mehr als ein Jahrzehnt später befasste sich eine weitere Untersuchung mit der Auswirkung geschlechtergerechter Formulierungen auf die Verständlichkeit von Texten. An dieser nahmen zwar mehr Proband*innen teil als am Experiment von Braun et al. (2007), allerdings wurde nur eine geschlechtergerechte Form – die Paarform – untersucht. Es wurde die Überlegung zugrunde gelegt, ob diese die Verständlichkeit beeinflussen könnte, da sie Texte zum einen länger und komplexer mache und zum anderen, weil die weibliche Form insgesamt weniger häufig verwendet wird und deshalb unverständlicher sein könnte (vgl. Friedrich; Heise 2019, S. 53).

Besonders an der Studie war zudem, dass ebenfalls Varianten des Textes untersucht wurden, die im Vorfeld hinsichtlich objektiver Kriterien der besseren Lesbarkeit (näheres zu den Kriterien vgl. ebd., S. 53) überarbeitet wurden. Dadurch sollten Erkenntnisse darüber erlangt werden, welchen Einfluss das Gendern im Vergleich zu den allgemeinen Formulierungen in einem Text spielt. Die 355 Studienteilnehmer*innen bekamen jeweils eine von vier Varianten eines Stromvertrages[9], welche sie lesen und mit Hilfe eines Fragebogens im Hinblick auf die Verständlichkeit einschätzen sollten (vgl. ebd., S. 55f.).

Dabei wurde herausgefunden, dass die Proband*innen, die einen Text gelesen haben, in dem die Paarform verwendet wurde, diese hinsichtlich der Verständlichkeit nicht signifikant schlechter bewerteten als die Teilnehmer*innen, die einen generisch maskulinen Text gelesen hatten. Durch die zusätzliche Verwendung einer optimierten Variante, konnte darüber hinaus nachgewiesen

9 1. Original + generisches Maskulinum, 2. Original + Paarform, 3. Optimiert + generisches Maskulinum, 4. Optimiert + Paarform.

werden, dass für die Verständlichkeit eines Textes viel mehr die allgemeine Formulierung ausschlaggebend ist als die Verwendung einer gendergerechten Sprache (vgl. ebd., S. 57f.).

Gygax et al. (2008): „Generically intended, but specifically interpreted"

In der Studie von Gygax et al. (2008) wurde untersucht, wie die Geschlechtswahrnehmung durch das generische Maskulinum im Plural beeinflusst wird, d. h. ob seine Verwendung eher zu einer männlich geprägten Darstellung oder zu einer neutralen Vorstellung führt (vgl. Gygax et al. 2008, S. 470). Dabei wurde nicht nur das Deutsche untersucht, welches mit Maskulinum, Femininum und Neutrum drei Genera besitzt, sondern auch das Französische mit zwei Genera sowie das genuslose Englisch als Kontrollsprache (Kotthoff; Nübling 2018, S. 108f.).

Den 108 Teilnehmenden der Studie (je 36 pro Sprache) wurden zwei Sätze präsentiert: Der erste Satz enthielt eine von – in allen drei Sprachen identischen – 36 Rollenbezeichnungen im maskulinen Plural, wovon 12 stereotyp weiblich waren (z. B. Kosmetiker, Geburtshelfer oder Kassierer), 12 stereotyp männlich (z. B. Politiker, Arbeitgeber oder Informatiker) und 12 neutral (z. B. Schüler, Nachbar oder Kinobesucher):

> **Beispielsatz 1:** *The social workers were walking through the station.*
> **Dt.:** *Die Sozialarbeiter liefen durch den Bahnhof.*

Der anknüpfende zweite Satz gab spezifischere Informationen über das Geschlecht der Personen preis:

> **Beispielsatz 2:** *Since sunny weather was forecast several of the women weren't wearing a coat.*
> **Dt.:** *Wegen der schönen Wetterprognose trugen mehrere der Frauen keine Jacke.* (vgl. Gygax et al. 2008, S. 471ff.).

Die Proband*innen sollten daraufhin entscheiden, ob der zweite Satz eine sinnvolle Ergänzung zum ersten darstellt, wobei sowohl die Anzahl der Ja-

und Nein-Antworten gezählt als auch die Reaktionszeit bis zur Abgabe einer Antwort gemessen wurde (vgl. Kotthoff; Nübling 2018, S. 109). So konnte festgestellt werden, dass die Teilnehmenden länger brauchten, um zu antworten, wenn im zweiten Satz weibliche Personen genannt wurden und schneller reagierten, wenn es sich um Männer handelte (vgl. Gygax et al. 2008, S. 477ff.). Daraus kann geschlussfolgert werden,

> „[…] dass Personenbezeichnungen im generischen Maskulinum im Deutschen auch im Plural nicht geschlechtsübergreifend interpretiert werden, sondern dass das grammatische Geschlecht die stereotype Vorstellung überlagert." (Müller-Spitzer 2021, S. 85).

Eine Neuauflage von Gygax et al. (2008) stellt die erst kürzlich veröffentlichte Untersuchung von Körner et al. (2022) dar. Während die bisher vorgestellten Studien gemeinsam haben, dass sie ausschließlich geschlechtergerechte Formen des Genderns untersuchen, die nur die beiden binären Geschlechter abbilden, legt diese den Fokus auf den Genderstern und betrachtet somit erstmals die Wirkungen einer gendergerechten Form auf die Geschlechtswahrnehmung.

Körner et al. (2022): „Gender Representations Elicited by the Gender Star Form"

Nachdem in einem ersten Schritt die gleichberechtigte Repräsentation der beiden binären Geschlechter mittels Beidnennung nachgewiesen werden konnte (vgl. Körner et al. 2022, S. 7ff.), folgte eine zweite Erhebung, bei der lediglich das generisches Maskulinum sowie der Genderstern betrachtet wurden. Daran nahmen 384 deutschsprechende Personen über 18 Jahre teil. Der Ablauf erfolgte ähnlich wie bei Gygax et al. (2008), indem die Proband*innen jeweils entscheiden sollten, ob der zweite Satz, welcher spezifische Geschlechtsinformationen über die Gruppe oder einen Teil davon enthielt, eine sinnvolle Ergänzung zum ersten Satz darstellte, in dem beschrieben wurde, was die Gruppe tut, bzw. wo sie sich aufhält. Die Teilnehmenden bewerteten jeweils 18 Sätze mit männlichen Untergruppen und 18 Sätze mit weiblichen Untergruppen.

Gemessen wurden die Anzahl an Ja- und Nein-Antworten sowie die Antwortzeit (vgl. ebd., S. 5f; 10f.).

Während die zuvor beschriebenen Studien zeigen konnten, dass die Verwendung des generischen Maskulinums vorwiegend zu einer mentalen Repräsentation des männlichen Geschlechts führt (male bias), konnte durch diese Erhebung hingegen herausgefunden werden, dass der Genderstern zugunsten von Frauen verstanden wird (female bias). Auch wenn vom generischen Maskulinum ein größerer male bias ausgeht als ein female bias vom Genderstern, muss festgehalten werden, dass die Paarform eine geschlechtergerechtere Schreibweise darstellt als das generische Maskulinum, aber eben auch als der Genderstern (vgl. ebd., S. 13). Zudem lässt sich schlussfolgern, dass nicht-binäre Personen – ähnlich wie durch das generische Maskulinum – durch den Genderstern nur bedingt repräsentiert werden; der eigentliche Sinn des Zeichens könnte damit also verfehlt werden.

Nichtsdestotrotz stellt der Stern das Genderzeichen dar, welches aktuell am meisten Verwendung findet (vgl. Krome 2020b, S. 68). Und obwohl sich insgesamt nur wenige Beiträge zur Präferenz der Genderzeichen unter nicht-binären Personen finden lassen, sei der Genderstern – neben dem Gendergap – doch auch in der Community vorherrschend (vgl. Koenig 2020, S. 32). Laut Gabriel_Nox Koenig, Referent_in für Presse- und Öffentlichkeitsarbeit beim Bundesverband Trans*, sei es für nicht-binäre Personen vor allem wichtig, dass das Gendern mit Hilfe des Glottisschlags hörbar gemacht wird. Dieser werde bislang häufig einfach überlesen, indem lediglich die weibliche Form ausgesprochen wird (vgl. ebd.). Dahingegen geben die dargestellten Studien Anlass, darüber nachzudenken, welche die beste Form des Genderns darstellt, wenn sowohl das generische Maskulinum als auch der Genderstern die beiden binären Geschlechter nicht gleichermaßen ansprechen, die Beidnennung hingegen nicht-binäre Personen ausschließt.

Im Folgenden werden daher die Positionen des Rates für deutsche Rechtschreibung und der Gesellschaft für deutsche Sprache beleuchtet, um Aufschluss über die offiziellen Empfehlungen zum Genderdiskurs zu erhalten.

Offizielle Empfehlungen: Gendern in Deutschland und im deutschsprachigen Raum

Der Rat für deutsche Rechtschreibung (RfdR)

Der Rat für deutsche Rechtschreibung ist ein länderübergreifendes Gremium mit Mitgliedern aus der Wissenschaft sowie dem behördlichen und schulischen Kontext (vgl. BdKom 2020, S. 17). Seine Aufgaben sind die Bewahrung und Weiterentwicklung einer einheitlichen deutschen Rechtschreibung. In Bezug auf die Verwendung einer geschlechtergerechten Sprache ist der Rat der Auffassung, „dass allen Menschen mit geschlechtergerechter Sprache begegnet [...] und sie sensibel angesprochen werden sollen." (RfdR 2021, o. S.). Er sieht den Diskurs allerdings als gesellschaftspolitische Aufgabe an, welche „nicht allein mit orthografischen Regeln und Änderungen der Rechtschreibung gelöst werden kann." (ebd.). Durch die Verbindlichkeit des Regelwerks der deutschen Rechtschreibung in unterschiedlichen Sektoren wird insgesamt die Meinung vertreten, dass auf „die Einheitlichkeit der geschriebenen Sprache im deutschsprachigen Raum" zu achten sei (ebd.). In einem Positionspapier aus dem Jahr 2018 wurden daher folgende sechs Kriterien für die Formulierung von geschlechtergerechten Texten erarbeitet, die der Rat im März 2021 erneut bekräftigte: 1. Sachliche Korrektheit; 2. Verständlichkeit & Lesbarkeit; 3. Vorlesbarkeit; 4. Gewährleistung von Rechtssicherheit & Eindeutigkeit; 5. Übertragbarkeit (v. a. in Ländern mit mehreren Amts- & Minderheitensprachen); 6. Sicherstellung der Möglichkeit zur Konzentration auf wesentliche Sachverhalte & Kerninformationen (vgl. RfdR, 2018, S. 8f.; RfdR 2021, o. S.).

In seiner Stellungnahme aus dem Jahr 2021 wurde zudem der Aspekt der Lernbarkeit ergänzt, d. h., dass geschlechtergerechte Formulierungen das Erlernen der deutschen Schriftsprache nicht erschweren dürfen (vgl. RfdR 2021, o. S.). Insgesamt kommt der Rat zu dem Schluss, dass diese sieben Kriterien durch viele gendergerechte Formulierungen häufig nicht erfüllt werden, v. a. bei der Verwendung von Genderzeichen, die durch Satz- oder Sonderzeichen dargestellt werden. Diese sind oftmals bereits mit einer anderen Bedeutung besetzt[10] und ihre Verwendung innerhalb von Wörtern wirke sich negativ auf die Kriterien Verständlichkeit, Vorlesbarkeit, Übertragbarkeit und die Gewährleistung von Eindeutigkeit und Rechtssicherheit aus (vgl. ebd.). Vor allem für Personen mit geringer Literalität, die mehr als 12% der Erwachsenen im deutschsprachigen Raum ausmachten oder Personen, die Deutsch als Fremdsprache lernten, stelle das Gendern eine Beeinträchtigung dar (vgl. ebd.).

Zwar weist Sabine Krome, die Geschäftsführerin des Rates, auf die Notwendigkeit der Unterscheidung zwischen geschlechtergerechten – Männer und Frauen sprachlich berücksichtigend – und gendergerechten Formen – alle Geschlechter ansprechend – hin (vgl. Krome 2020b, S. 68f., S. 70). Sie spricht sich zudem dafür aus, dass die Verständlichkeit und Lesbarkeit des Gendersterns durch seine zunehmende Verbreitung mittlerweile gegeben sein dürften (vgl. Krome 2020a, S. 45). Nichtsdestotrotz liege die Lösung des angemessenen Formulierens in der vermehrten Anwendung von ‚stilistischen'[11] und ‚grammatisch-syntaktischen'[12] Kombinationen (vgl. RfdR 2018, S. 10f.), weshalb der Rechtschreibrat

> „die Aufnahme von Asterisk (‚Gender-Stern'), Unterstrich (‚Gender-Gap'), Doppelpunkt oder anderen verkürzten Formen zur Kennzeichnung mehrgeschlechtlicher Bezeichnungen im Wortinnern in das Amtliche Regelwerk der deutschen Rechtschreibung zu diesem Zeitpunkt nicht [empfiehlt]" (RfdR 2021, o. S.).

10 So wird der Asterisk bspw. in Formularen o. Ä. zur Kennzeichnung von Pflichtfeldern, als Fußnotenzeichen oder als Äquivalenz für „geboren" verwendet (vgl. DIN 5008 Schreib- und Gestaltungsregeln für die Text- und Informationsverarbeitung). Der RfdR (2018) führt zudem weitere Verwendungskontexte auf: Demnach verwende man den Asterisk als Platzhalter in der Computersprache, „zur Bezeichnung ungrammatischer Formen" in der Linguistik sowie in der schulischen Schreikorrektur, um anzuzeigen, „dass es sich um eine falsche Form handelt: (du) *gießst." (RfdR 2018, S. 11).

11 Darunter versteht der Rat bspw. die Verwendung der Paarform oder der Partizipialform sowie den Einsatz von Formen der Neutralisierung, die kein Geschlecht direkt benennen (vgl. RfdR 2018, S. 3).

12 Hierzu zählen bspw. Formulierungen im Passiv oder Infinitiv, die Verwendung von geschlechtsneutralen Formulierungen im Plural statt dem Singular („alle, die …" statt „jeder, der …") oder die Konstruktion von Relativsätzen (vgl. RfdR 2018, S. 3).

Die Gesellschaft für deutsche Sprache (GfdS)

Die Gesellschaft für deutsche Sprache ist ein gemeinnütziger Verein, der 1947 gegründet wurde und sich seitdem mit allen Fragen die deutsche Sprache betreffend auseinandersetzt. Eine seiner wichtigsten Aufgaben ist die Sprachberatung – im Rahmen dieser werden Fragen zu Orthografie, Zeichensetzung oder zur Aussprache von Wörtern beantwortet oder aber es wird geklärt, wie neue sprachliche Phänomene, zu denen auch die gendergerechte Sprache zählt, verstanden und bewertet werde können.

In ihrer Argumentation stützt sich die GfdS auf eine binäre Geschlechtervorstellung, wonach sich das generische Maskulinum nicht auf Männer und Frauen zugleich beziehe und es notwendig sei, die Gleichberechtigung der Geschlechter auch sprachlich auszudrücken (vgl. Rüdebusch 2020, S. 52). Für das dritte Geschlecht hingegen, seien bisher noch keine angemessenen Ausdrucksformen gefunden worden. Dafür wäre es nach Einschätzung der Gesellschaft zum einen notwendig, neue Formen zu schaffen, um diverse Personen angemessen anzusprechen (der Arzt, die Ärztin, 3. Form); zum anderen wären auch grammatikalische Änderungen notwendig, da das Genus Neutrum als nicht passend erscheint, um diverse Personen zu bezeichnen und daher die Entwicklung eines vierten Genus notwendig sei (vgl. ebd., S. 62). Da sich die Gesellschaft in ihrer Einschätzung an den bereits vorgestellten Kriterien des Rates für deutsche Rechtschreibung sowie an den derzeit gültigen grammatikalischen und orthographischen Regeln orientiert, kann auch sie keine Empfehlung für Sparschreibungen wie Genderstern, Gendergap oder Doppelpunkt geben (vgl. ebd.).

1.4 Zwischenfazit

In diesem Kapitel wurde der Diskurs um Gender in der Sprache in seinen unterschiedlichen Facetten beleuchtet. Im Verlauf wurde deutlich, dass die Verwendung einer gendergerechten Sprache oft in Frage gestellt wird. Nicht nur von denjenigen, die die Verwendung des generischen Maskulinums befürworten und verteidigen, kommt mitunter heftige Kritik an den gendergerechten

Formulierungen im Allgemeinen und am Genderstern im Speziellen.[13] Auch die Bevölkerung kann die sprachliche Veränderung nicht immer gutheißen, wie den Meinungsumfragen entnommen werden konnte. Dahingegen zeigen die vorgestellten Studien eindeutig, dass das generische Maskulinum keine anderen Geschlechter als das männliche repräsentiert, auch wenn es noch zu früh ist,

> „jetzt schon bestimmte Formen geschlechterinklusiven Schreibens oder Sprechens zu präferieren. Die Möglichkeiten sind für das Deutsche sehr vielfältig und noch ist nicht abzusehen, welche sich am ehesten durchsetzt." (Müller-Spitzer 2021, S. 87).

Auch die offiziellen Gremien befürworten zwar die Anwendung einer gender- oder zumindest geschlechtergerechten Sprache, können aber auch nur bestimmte Varianten empfehlen – worunter der Genderstern bisher aber nicht fällt.

13 Er wird nicht nur als „unpraktisch" empfunden (Stein 2021, o. S.) und als „sexistisch" bezeichnet, weil das Geschlecht von Frauen und diversen Personen dadurch erst recht hervorgehoben werde, anstatt alle gleich (d. h. unter Verwendung des generischen Maskulinums) anzusprechen (Pollatschek 2022, S. 8), sondern er sei gar auch „eine private Erfindung und ein hässliches Ding, das Wörter zerreißt und Texte verunstaltet […]" (Eisenberg 2020, S. 9).

2 Leichte Sprache als verständlichkeitsoptimierte und barrierefreie Varietät des Deutschen

Auch wenn es zunächst so anmuten mag: Die Leichte Sprache ist keine eigene Sprache für sich, sondern stellt vielmehr eine „Varietät des Deutschen" dar, die sich am Standarddeutschen orientiert und unter Anwendung fester Regeln versucht, Texte verständlicher und leichter zugänglich zu machen (vgl. Bock; Fix; Lange 2017, S. 12; Jacobi 2021, S. 24). Dabei ist sie jedoch nicht zu verwechseln mit der Einfachen Sprache: Zwar handelt es sich auch bei dieser um eine vereinfachte Variante des Deutschen; da sie jedoch keine festgeschriebenen Regeln besitzt, ist ihr Sprachstil komplexer und sie ähnelt auch bzgl. ihres Aussehens mehr dem Standarddeutschen (vgl. Kellermann 2014, S. 7). Obwohl die Leichte Sprache sowohl sprachlich als auch inhaltlich stark vereinfacht ist, stellt sie keineswegs eine ‚Kindersprache' dar (vgl. Göbel 2015, S. 332).

Um die Vielfältigkeit der Leichten Sprache abzubilden, wurde folgender Aufbau gewählt: Zunächst werden in Kap. 2.1 der Entstehungshintergrund und die Entwicklung der Leichten Sprache dargestellt, bevor anschließend die Ziel- und Nutzergruppen vorgestellt (vgl. Kap. 2.2) und die mit der Varietät verfolgten Ziele und deren Funktionen erläutert werden (vgl. Kap. 2.3). In Kap. 2.4 wird die Leichte Sprache im Kontext der barrierefreien Kommunikation eingeordnet (vgl. Kap. 2.4.1) und erklärt, wie dadurch mehr Verständlichkeit geschaffen werden kann, wobei auch Bezug auf die ihr zugrunde liegenden Regeln und erste empirische Überprüfungen genommen wird (vgl. Kap. 2.4.2). Abschließend werden in Kap. 2.5 die gesetzlichen Grundlagen vorgestellt.

2.1 Entstehungshintergrund und Entwicklung der Leichten Sprache

Das Konzept der Leichten Sprache ist aus der Praxis heraus entstanden und hat seine Ursprünge in den Selbstvertretungsbewegungen von Menschen mit Behinderung in den USA der 1970er Jahre[14]. Sie fußt auf Forderungen nach mehr Selbstbestimmung und Inklusion und

> „basiert auf einer kritischen Haltung gegenüber der zumindest impliziten ‚Bevormundung' von Betroffenen […] durch die nicht-behinderten Verwender offizieller administrativer und medizinischer Fachsprache(n) sowie auch allgemeinsprachlicher Formulierungen, die für Menschen mit Lern- und Leseschwächen schwer oder nicht zu verstehen sind." (Musolff; Roman-Barbas 2014, S. 214).

Als wichtigste und bekannteste dieser Gruppen kann die Selbstvertretungsorganisation *People First* genannt werden, welche sich als eine der ersten dafür einsetzte, dass Menschen mit geistiger Behinderung eine für sie verständliche Sprache angeboten wird, durch die sie relevante Informationen besser verstehen können (vgl. Bock; Goldbach; Schuppener 2019, S. 216). Diese Ansätze wurden und werden im englischsprachigen Raum als „easy-to-read" bezeichnet (vgl. Bredel; Maaß 2016a, S. 65). Der deutsche Ableger von *People First*[15] machte das Konzept schließlich in Deutschland bekannt, indem dieser im Jahr 2000 ein Wörterbuch der Leichten Sprache herausgab (vgl. Gros; Gutermuth; Oster 2021, S. 12).

14 Erste Vorläufer-Bewegungen gab es tatsächlich bereits während der 1960er Jahre in den skandinavischen Ländern Schweden und Finnland sowie in Großbritannien. Da die Entwicklung in Deutschland jedoch maßgeblich von der amerikanischen *People-First-Bewegung* beeinflusst wurde, wird auf die anderen Länder hier nicht näher eingegangen. Für eine detailliertere Darstellung der geschichtlichen Entwicklung wird an dieser Stelle auf Bredel; Maaß 2016a sowie auf Gros; Gutermuth; Oster 2021 verwiesen.

15 Seit dem Jahr 2005 lautet der vollständige Name des Netzwerks: *Mensch zuerst – Netzwerk People First Deutschland e. V.* (vgl. Janßen; Kuttner 2021, S. 32).

Später wurde im Jahr 2006 das *Netzwerk Leichte Sprache e. V.* gegründet, welches das Konzept der Leichten Sprache weiter verbreitete und sich bis heute für die „sprachliche Inklusion von Menschen mit Behinderung" einsetzt (ebd.). Die über die Anfangsjahre intuitiv entwickelten, in der Praxis zwischenzeitlich aber etablierten Regeln wurden im Jahr 2014 in Zusammenarbeit mit dem Netzwerk vom Bundesministerium für Arbeit und Soziales (BMAS) in der Broschüre „Leichte Sprache. Ein Ratgeber" veröffentlicht (vgl. Bock; Goldbach; Schuppener 2019, S. 216; Gros; Gutermuth; Oster 2021, S. 12)[16].

Besonders an dieser Entwicklung ist, dass die Zielgruppe nicht nur eine für sie verständliche Sprachform eingefordert hat, sondern auch von Anfang an selbst an der Entwicklung dieser beteiligt war und die Regeln so maßgeblich mitgestaltet hat (vgl. Janßen; Kuttner 2021, S. 33). Welche Menschen zur Ziel- und den diversen Nutzergruppen der LS gehören, wird im nachfolgenden Kapitel abgebildet.

2.2 Die Ziel- und Nutzergruppen der Leichten Sprache

Zur primären Zielgruppe der Leichten Sprache gehören Menschen mit geistiger Behinderung, die wegen verschiedener Barrieren (vgl. Kap. 2.4.1) keinen Zugang zu fach- und standardsprachlichen Texten haben (vgl. Gutermuth 2020, S. 45). Hinzu kommen noch weitere sog. Nutzergruppen, die auch keinen oder allenfalls einen begrenzten Zugang zu anderen Textformen haben und deshalb die Leichte Sprache ebenfalls nutzen. Zu ihnen gehören an Demenz Erkrankte, prälingual Gehörlose, Personen mit Aphasie, funktionale Analphabet*innen sowie Personen mit geringen Deutschkenntnissen (vgl. Bredel; Maaß 2016a, S. 140). An anderen Stellen werden auch noch ältere Menschen mit Seh- und/oder Hörbeeinträchtigungen (vgl. Jacobi 2021, S. 24) oder generell ältere Menschen zur Zielgruppe gezählt (vgl. Gutermuth 2020, S. 45). An dieser Aufzählung lässt sich die große Heterogenität der Adressat*innen

16 Für mehr Informationen zu Entwicklung, Wirken und Arbeitsweise des Netzwerks Leichte Sprache e. V. siehe: Nelles-Rehbach (2021).

erkennen. Jedoch ist auch die Gruppe der Personen mit geistiger Behinderung für sich ebenfalls nicht einheitlich darstellbar.

Problematisch gestaltet sich bereits die Begrifflichkeit, denn unterschiedliche Disziplinen verwenden unterschiedliche Bezeichnungen[17], um diese Personengruppe sprachlich zu benennen: Menschen mit intellektueller Beeinträchtigung, Menschen mit Lernschwierigkeiten, mit geistiger Behinderung, mit kognitiver Einschränkung oder Menschen mit Sinnesbeeinträchtigung – um nur eine kleine, unvollständige Auswahl zu nennen (vgl. Fornefeld 2020, S. 61; Gutermuth 2020, S. 45). Doch trotz anhaltender Diskussionen über die Begriffe ist noch immer keine Einigung auf den *einen* richtigen abzusehen. Zudem ist der seit vielen Jahren verwendete Ausdruck der geistigen Behinderung[18] aufgrund seiner stigmatisierenden Wirkung und der damit verbundenen „negativen Auswirkungen auf individuelle Entwicklungschancen" zunehmend in Verruf und in die Kritik geraten (Fornefeld 2020, S. 60; vgl. Zimpel 2009, o. S.). Und auch betroffene Personen setzen sich der Begrifflichkeit zur Wehr und bevorzugen die selbstgewählte Bezeichnung ‚Menschen mit Lernschwierigkeiten' (Fornefeld 2020, S. 60). Dies führt jedoch zu einem weiteren (Abgrenzungs-) Problem, denn der Begriff der Lernschwierigkeiten, der oftmals synonym für ‚Lernbehinderung' verwendet wird (vgl. Bredel; Maaß 2016a, S. 146), ist bereits im schulischen bzw. lernpädagogischen Bereich etabliert, „um Auffälligkeiten im Lern- und Leistungsvermögen von Schülern zu beschreiben." (Gutermuth 2020, S. 45).

Zudem wird angemerkt, dass es sich bei Lern- und geistiger Behinderung schlicht um zwei verschiedene Phänomene handelt. Dies wird durch einen Blick in die ICD-10[19] deutlich, wo die kognitive Beeinträchtigung in Abhän-

17 Zu den in unterschiedlichen Kontexten verwendeten Begriffen und deren Bedeutung siehe Fornefeld 2020, Kapitel 3.

18 Der Begriff wurde im Rahmen des von Eltern und Fachleuten gegründeten „Lebenshilfe für das geistig behinderte Kind e. V." erstmals im Jahr 1958 verwendet (vgl. Zimpel 2009, o. S.) und diente dazu, die zuvor gebräuchlichen Ausdrücke (Blödsinn, Idiotie oder Schwachsinn) durch einen wissenschaftlichen Begriff zu ersetzen (vgl. Fornefeld 2020, S. 58).

19 ICD ist die Abkürzung für ‚International Classification of Diseases and Related Health Problems', zu Deutsch: „Internationale statistische Klassifikation der Krankheiten und verwandter Gesundheitsprobleme"; die Zahl zehn bezeichnet dabei die 10. Auflage der Klassifikation. Die

gigkeit des Intelligenzquotienten (IQ) kategorisiert wird. Demnach liegt die Normalintelligenz bei einem IQ zwischen 115 und 85; bei einem IQ von 85 bis 70 wird von einer Lernbehinderung gesprochen[20], wohingegen eine geistige Behinderung erst ab einem IQ von weniger als 70 vorliegt.

Auch wenn sich die Zielgruppe der Leichten Sprache selbst als Menschen mit Lernschwierigkeiten bezeichnet und sich dieser Ausdruck auch im Kontext der LS etabliert hat (vgl. Bock; Fix; Lange 2017, S. 15f.), muss an dieser Stelle doch festgehalten werden, dass sie nach offiziellen Kriterien der Kategorie der geistigen Behinderung (gB) zugeordnet werden muss.[21]

Dabei zeigt sich allerdings, dass auch diese wiederum gemäß der ICD-10 in vier weitere Untergruppen unterteilt werden kann: So wird zwischen einem IQ von 69 und 50 von einer *leichten* Intelligenzminderung/gB gesprochen (F70), während eine *mittelgradige* Intelligenzminderung/gB bei einem IQ zw. 49 und 35 vorliegt (F71). Daneben wird die Ausprägung des IQs zw. 34 und 20 als *schwere* Intelligenzminderung/gB bezeichnet (F72), wohingegen ab einem IQ von weniger als 20 eine *schwerste* Intelligenzminderung/gB vorliegt (vgl. ICD-10-GM-2022, Intelligenzminderung; vgl. Zimpel 2009, o. S.). Durch diese Unterteilung lässt sich bereits erahnen: Nicht alle Personen mit geistiger Behinderung können von der Leichten Sprache profitieren. Sollen die Texte selbst gelesen werden, lässt sich festhalten, dass sie vor allem für Menschen mit leichter und mittlerer Intelligenzminderung/gB (F70 und F71) geeignet ist (vgl. Lasch 2017, S. 278).

Dies bedeutet jedoch nicht, dass die Leichte Sprache nur für wenige Personen einen potenziellen Nutzen bieten kann: Neben den rund 346.000 Menschen mit geistiger oder Lernbehinderung in Deutschland profitieren davon

in Deutschland aktuell verwendete Version wird als ICD-10-GM-2022 bezeichnet, wobei GM für „German Modification“ und 2022 für das aktuelle Jahr stehen.

20 Die Lernbehinderung zählt gemäß ICD-10 zu den Entwicklungsstörungen und wird dort unter dem Code F81 als „Umschriebene Entwicklungsstörungen schulischer Fertigkeiten“ näher bezeichnet. Zu dieser Kategorie zählen u. a. bspw. die Lese- und Rechtschreibstörung (F81.0) oder die Rechenstörung (F81.2).

21 Daher wird in der vorliegenden Arbeit ebenfalls dieser, zwar teils in Verruf geratene, aber dennoch offiziell gebräuchliche Ausdruck, verwendet.

zusätzlich mehr als 20.000 prälingual gehörlose Personen (vgl. Destatis 2022, S. 7). Hinzu kommen außerdem rund 7,5 Millionen deutsch sprechende Erwachsene zwischen 18 und 64 Jahren, die von sog. funktionalem Analphabetismus betroffen sind (vgl. Buddeberg; Grotlüschen 2019, S. 346). Und obwohl es keine offiziellen Statistiken dazu gibt, in welchem Ausmaß Leichte Sprache von den anderen Nutzergruppen eingesetzt wird, so ist doch ersichtlich, dass die Zahl an potenziellen Verwender*innen keine geringe ist. Die Leichte Sprache könnte hier mittels ihrer verschiedenen Funktionen, die im nachfolgenden Kapitel vorgestellt werden, einen entscheidenden Unterschied machen und die Teilhabechancen vieler Menschen erhöhen.

2.3 Ziele und Funktionen der Leichten Sprache

Das wichtigste Ziel der Leichten Sprache ist die Bereitstellung von Texten und Informationen in einer für die Zielgruppe verständlichen Sprache (vgl. Bock; Goldbach; Schuppener 2019, S. 216). Da sich die Adressat*innen von Texten der Leichten Sprache viele fach- und standardsprachliche Texte nicht erschließen können, bleiben sie von der allgemeinen Kommunikation weitestgehend ausgeschlossen (vgl. Bredel; Maaß 2016b, S. 53; vgl. Gros; Gutermuth; Oster 2021, S. 8). Der Zugang zu Informationen und das Bewusstsein über die eigenen Rechte und Pflichten oder andere relevante Themen[22] sind für alle Menschen eine wichtige Voraussetzung, um selbstständig handeln und selbstbestimmt entscheiden zu können. Für die Zielgruppe der Leichten Sprache hat der eigenständige Informationserwerb allerdings eine noch größere Bedeutung: Viele der Nutzer*innen sind in unterschiedlichen Belangen auf die Hilfe und Unterstützung anderer angewiesen. Durch die Leichte Sprache

22 Das Spektrum ist vielfältig und nicht abschließend oder abgrenzbar. Es reicht von sehr behindertenspezifischen Themen wie der Beantragung des Persönlichen Budgets oder anderen finanziellen Leistungen über Arbeitshilfen oder Werkstattverordnungen bis hin zu Themen gesamtgesellschaftlicher Relevanz wie bspw. Informationen über die Covid-Krise, den Ukraine-Krieg oder Maßnahmen und Möglichkeiten zum Energiesparen. Es soll hier betont werden: Leichte Sprache möchte eben keine „Sonder-Texte" erschaffen, sondern Zugriff zu dem ermöglichen, was alle in der Gesellschaft gerade interessiert, bewegt und beschäftigt.

erhalten sie die Möglichkeit, sich Wichtiges selbst zu erschließen und dadurch ihre Angelegenheiten ohne Unterstützung erledigen zu können. Zudem wird ihnen die Möglichkeit eröffnet, mit anderen zu reden und zu kommunizieren, anstatt dass dies *über* sie getan wird (vgl. Bußmann 2021, S. 22f.; vgl. Göbel 2015, S. 328).

Demnach ist es ein zentrales Anliegen der Leichten Sprache, die gesellschaftliche Partizipation ihrer Adressat*innen durch Zugriff auf und Teilhabe an Kommunikation zu ermöglichen (vgl. Bock; Fix; Lange 2017, S. 12; vgl. Jacobi 2021, S. 30). Die Leichte Sprache kann dabei selbst als „Instrument gleichberechtigter informationeller und kommunikativer Teilhabe [angesehen werden]." (Gros; Gutermuth; Oster 2021, S. 8). Bredel und Maaß schreiben der Leichten Sprache daher eine Partizipationsfunktion zu und verorten das Konzept insgesamt im Empowerment-Ansatz (vgl. Bredel; Maaß 2016a, S. 69; S. 56).

Bei der Erstellung der Texte in Leichter Sprache kommt es im Sinne der Partizipation darauf an, „einfach, aber nicht falsch oder irreführend zu formulieren." (Bock 2019, S. 20). Um gleichberechtigt mitreden zu können ist es obendrein erheblich, dass die Übersetzungen alle Informationen aus dem Vorlagentext enthalten und nicht nur ein inhaltsärmeres Abbild dessen darstellen (vgl. Bredel; Maaß 2016a, S. 56).

So kommt der Leichten Sprache neben der Partizipationsfunktion auch eine Brückenfunktion zu, indem durch die Übersetzung eine Brücke zum Originaltext oder auch zu den Ansprüchen der Adressat*innen geschlagen wird (vgl. ebd., S. 57; vgl. Bock; Fix; Lange 2017, S. 12).

Zusammenfassend kann festgehalten werden, dass die Leichte Sprache „ihrer Intention nach als eine Form barrierefreier Kommunikation charakterisiert werden [kann]", die durch den Abbau sprachlicher Barrieren mehr Teilhabemöglichkeiten schafft (Bock; Fix; Lange 2017, S. 11; vgl. Bock; Goldbach; Schuppener 2019, S. 216). Im nachfolgenden Unterkapitel wird daher dargestellt, was unter barrierefreier Kommunikation verstanden werden kann und wie Kommunikationsbarrieren durch Leichte Sprache abgebaut werden können.

2.4 Leichte Sprache – eine Form der barrierefreien Kommunikation

Barrierefreiheit kann allgemein definiert werden als „die uneingeschränkte Nutzung von Gegenständen, Gebrauchsgütern und Objekten durch alle Menschen über denselben Zugangsweg“ (Welke 2017, S. 78). Die UN-Behindertenrechtskonvention unterscheidet dabei zwischen den Bereichen „physische Umwelt“, „Beförderung“, „Information und Kommunikation“ sowie „Einrichtungen und Dienste“ (vgl. Bethke; Kruse; Rebstock; Welti 2015, S. 170), wonach die barrierefreie Kommunikation nur einen von vier Teilbereichen der Barrierefreiheit ausmacht. Sie kann wiederum definiert werden als „die Schaffung ‚barrierearmer' […] und/oder verständlichkeitsoptimierter Kommunikate[23]“ (Maaß; Rink 2020, S. 21) und umfasst dabei „alle Maßnahmen zur Eindämmung von Kommunikationsbarrieren in unterschiedlichen situationalen Handlungsfeldern.“ (ebd. S. 20). Im Folgenden soll daher zunächst Bezug auf diese Kommunikationsbarrieren genommen werden, bevor im Anschluss daran gezeigt wird, inwiefern die Leichte Sprache auf diese einwirken (vgl. Kap. 2.4.1) und mehr Verständlichkeit schaffen kann (vgl. Kap. 2.4.2).

2.4.1 Überwindung von Kommunikationsbarrieren durch Leichte Sprache

Schubert (2016) bezeichnet als Kommunikationsbarriere allgemein „einen Umstand, der es Menschen unmöglich macht, an der Kommunikation in derselben Weise teilzunehmen wie andere Menschen.“ (Schubert 2016, S. 17). Rink (2020a; b) hingegen nimmt eine differenziertere Unterteilung vor und unterscheidet zum einen zwischen Barrieren „die mit Beeinträchtigungsarten korrelieren und für sämtliche Kommunikationsangebote […] gelten“ und zum anderen solchen, „die bestimmte Einzeltexte und Textsorten betreffen“ (Rink 2020b, S. 136). Sie verweist damit auf die doppelte Ausrichtung von Kommunikationsbarrieren, wonach diese entweder von den Adressat*innen oder von

23 Unter einem Kommunikat kann die Gesamtheit eines Textes verstanden werden, der nicht nur Worte, sondern auch „nonverbale, visuell wahrnehmbare Zeichen, wie Bilder verschiedener Art oder grafische Elemente“ umfasst (Żebrowska 2018, o. S.).

den Texten ausgehen können. Zu den Barrieren der ersten Kategorie gehören die Wahrnehmungs-, Kognitions- und Motorikbarriere:

> Eine *Wahrnehmungsbarriere* entsteht aufgrund einer eingeschränkten Funktionalität eines oder mehrerer Sinneskanäle, so bspw. durch Taubheit und/oder Blindheit (vgl. ebd., S. 137).

Wenn Informationen sprachlich und/oder inhaltlich zu komplex sind und die Struktur der Mitteilung die kognitive Verarbeitung der Adressat*innen bspw. aufgrund einer geistigen Behinderung überfordert, kann von einer *Kognitionsbarriere* gesprochen werden (vgl. Schubert 2016, S. 18f.; vgl. Rink 2020a, S. 31).

Bei einer *Motorikbarriere* handelt es sich zwar nicht an und für sich um eine Kommunikationseinschränkung; es kann jedoch vorkommen, dass Personen durch eine Motorikbarriere bestimmte Aufbereitungsansprüche an einen Text haben, da anderweitig der Zugriff auf die Inhalte beeinträchtigt werden würde. Als Beispiele können Aspekte der Haptik bei Printmedien oder Ansteuerungsmöglichkeiten von Onlinemedien genannt werden (vgl. Rink 2020b, S. 138).

Daneben können zu den Barrieren der zweiten Kategorie die Sprach-, Kultur-, Fach- und Fachsprachenbarriere gezählt werden:

> Eine *Sprachbarriere* entsteht in Folge eines verminderten Sprachverstehens, bspw. weil Deutsch (oder insgesamt die verwendete Sprache) nicht verstanden wird (vgl. ebd.; vgl. Schubert 2016, S. 19).
>
> *Kulturbarrieren* treten auf, wenn den Betroffenen kulturelle Voraussetzungen um Diskurse fehlen, wozu auch das Wissen um die Eigenschaften unterschiedlicher Textsorten und deren Gestaltung gezählt werden können (vgl. Rink 2020a, S. 31).
>
> Von einer *Fachbarriere* wird gesprochen, wenn zwar die verwendete Fachsprache, nicht aber der zu vermittelnde fachliche Inhalt verstanden wird (vgl. Schubert 2016, S. 18) und eine *Fachsprachenbarriere* liegt dagegen vor, wenn zwar der fachliche Inhalt, nicht aber die verwendete Fachsprache verstanden wird (vgl. Rink 2020b, S. 139). Die Barriere

bezieht sich dann lediglich auf das Verstehen der *Fach*sprache, nicht auf das allgemeine Sprachverstehen (vgl. Rink 2020a, S. 30). Fach- und Fachsprachenbarriere können, müssen aber nicht zwangsläufig, gekoppelt auftreten (vgl. Rink 2020b, S. 140).

Zuletzt nimmt die sog. *Medienbarriere*, die die mediale Darstellung von Texten betrifft, eine Sonderrolle ein, da Korrelationen mit anderen Barrieren (wie der Wahrnehmungs- oder Motorikbarriere) zu Unzulänglichkeiten der Texte führen können. Problematisch ist zudem, wenn das zur Darstellung eines Textes gewünschte Medium von den Adressat*innen nicht oder nur eingeschränkt genutzt werden kann (vgl. ebd., S. 140f.).

Insgesamt wirken sich die vorgestellten Barrieren negativ auf die Kommunikation aus. Je mehr Barrieren ein Text aufweist, desto hinderlicher und schwieriger gestaltet sich der Zugang zu diesem für die Adressat*innen. Dies kann wiederum dazu führen, dass Inhalte missverstanden oder gar nicht verstanden werden (vgl. Rink 2020a, S. 45). Obendrein können sich die Bedarfe und Textanforderungen unterschiedlicher Adressat*innen auch widersprechen – bspw. kann ein juristischer Text aufgrund der verwendeten Fachsprache für manche Personen schwer verständlich sein, jedoch ist es gerade diese Fachsprache, die den Sachverhalt eindeutig macht, weil dieser nur so präzise ausgedrückt werden kann (vgl. Bock 2019, S. 19). Dieser Umstand führt dazu, dass eine vollkommene kommunikative Barrierefreiheit nur schwer, bzw. nicht realisierbar wird (vgl. Jacobi 2020, S. 10).

Zusammenfassend kann gesagt werden, dass Kommunikationsbarrieren „immer dann [entstehen], wenn Kommunikationsangebote nicht in der erforderlichen Weise an die Zielsituation und die intendierte Adressatenschaft angepasst sind.“ (Maaß; Rink 2020, S. 20). Zur Eindämmung dieser Barrieren kann schließlich auch die Leichte Sprache als eine eigene Form der barrierefreien Kommunikation eingesetzt werde, indem sie vor allem auf die Kognitions-, die Fach- und die Fachsprachenbarriere einwirkt (vgl. Schubert 2016, S. 23).

2.4.2 Mehr Verständlichkeit durch Leichte Sprache?

Aufgrund der vorliegenden Kognitionsbarriere bei der Zielgruppe – die sich in Form einer geistigen Behinderung ausdrückt – sowie aufgrund von Fach- und Fachsprachenbarriere – die wiederum von den Texten ausgehen – sind die Inhalte von fach- und standardsprachlichen Texten der Zielgruppe oftmals nicht zugänglich und werden daher nicht verstanden, da sie zu komplex und zu abstrakt und meist weit von deren Wissensstand entfernt sind (vgl. Rink 2020b, S. 137). Zudem besitzen viele Adressat*innen nur eine eingeschränkte Lesekompetenz, wodurch bereits das Lesen des Textes mit großen Anstrengungen verbunden ist. Dies führt zu einer schnelleren Auslastung des Arbeitsgedächtnisses, dem Gelesenen kann kein Sinn entnommen werden und das Textverstehen wird beeinträchtigt (vgl. Bredel; Maaß 2016b, S. 43ff.).[24]

Erkenntnissen der Verständlichkeitsforschung kann entnommen werden, dass die Verständlichkeit von Texten insgesamt von der Länge der darin enthaltenen Sätze und Wörter abhängt. Demnach sind Wörter umso verständlicher, je weniger Buchstaben/Silben sie enthalten; unbekannte Wörter sind noch unverständlicher als lange Wörter. Sätze hingegen sind umso verständlicher, je weniger Wörter und Aussagen sie enthalten und verneinte Sätze sind schwerer verständlich als solche ohne Verneinungen (vgl. ebd., S. 47).

An diesen Erkenntnissen setzen die Regeln der Leichten Sprache an. Der Ratgeber des BMAS aus dem Jahr 2014, der zusammen mit dem Netzwerk Leichte Sprache e. V. erstellt wurde, gilt als das erste verbindliche Regelwerk;[25] er machte die Leichte Sprache zu einem anerkannten Fachbegriff und zu einer

24 Für eine umfangreichere Darstellung und Erklärung des Leseprozesses und der kognitiven Prozesse des Textverstehens siehe Bredel; Maaß 2016a, S. 117ff. und Bredel; Maaß 2016b, S. 43ff.

25 Mittlerweile gibt es mehrere Regelwerke, die sich hinsichtlich ihres Entstehungszeitpunktes und der Entstehungsmotivation unterscheiden (vgl. Gutermuth 2020, S. 47) – einige entstammen der Praxis, andere wurden erstellt, um die Regeln wissenschaftlich zu reflektieren und zu fundieren. Dadurch heben sich die Regelwerke auch inhaltlich voneinander ab und widersprechen sich stellenweise sogar; auch wurden unterschiedliche Siegel zur Zertifizierung eingeführt. Für eine Darstellung anderer gängiger Regelwerke und einer Gegenüberstellung der Regeln des Netzwerks/BMAS, von Inclusion Europe und der Anlage 2 BITV 2.0 vgl. Bredel; Maaß 2016a, 82ff.

Zudem wird aktuell auf Initiative des BMAS an der Erstellung einer DIN-Norm für Leichte Sprache gearbeitet, um die Varietät zu vereinheitlichen. Diese soll nach Fertigstellung Einzug

„definierten Sprachvariante der deutschen Sprache“ (Jacobi 2021, S. 24f.). Der Fokus der rund 50 Regeln liegt auf der Verbesserung der kommunikativen und informationellen Teilhabe durch mehr Verständlichkeit aufgrund von Vereinfachung und Strukturierung. Sie werden in die sechs Kategorien *Wörter, Zahlen und Zeichen, Sätze, Texte, Gestaltung und Bilder* sowie *Prüfen* untergliedert (vgl. BMAS 2014, S. 21)[26]. Neben der Umsetzung der Regeln im Übersetzungsprozess stellt auch das Prüfen des Textes ein zentrales Element dar, welches auch zwingend notwendig ist, um das Leichte-Sprache-Siegel (bspw. des Netzwerks Leichte Sprache) zu erhalten. Nach der Texterstellung oder -übersetzung prüfen in der Regel zwei bis vier Personen innerhalb sogenannter Prüfgruppen den Text, wobei nicht nur auf die Verständlichkeit, sondern auch auf die Einhaltung der Regeln geachtet wird (vgl. Jacobi 2021, S. 28f.). Dieses Verfahren gerät jedoch immer wieder in die Kritik, wie beispielsweise bei Lasch (2017), der anprangert, dass aufgrund der geringen Anzahl an prüfenden Personen und der Unterschiedlichkeit dieser in Bezug auf deren kognitive Fähigkeiten oder vorhandenes Wissen, keine verlässlichen oder allgemeingültigen Aussagen über die tatsächliche Verständlichkeit eines Textes gemacht werden können:

> „[…] durch die Prüfung [… kann] streng genommen nur eine Aussage darüber gemacht werden, wie einige Menschen mit kognitiver Beeinträchtigung die vorgelegten Texte bewerten. An Objektivierung oder eine Übertragung auf andere Adressaten ist überhaupt nicht zu denken.“ (Lasch 2017, S. 277).

Dies äußert sich unter anderem auch in einer daraus resultierenden Uneinheitlichkeit der Texte. Die Gestaltung eines Textes hängt jedoch in erster Linie von den Übersetzer*innen ab, wobei beachtet werden muss, dass aus der mit der Anwendung der Regeln verbundenen sprachlichen Vereinfachung auch eine inhaltliche Reduktion resultiert, was jedoch nicht immer automatisch

in die BITV 2.0 finden. Am Erstellungsprozess sind ebenfalls Menschen mit geistiger Behinderung beteiligt (vgl. Janßen; Kuttner 2021, S. 34; Koehler 2021, S. 181; 183).

26 Für eine vollständige Darstellung der Regeln vgl. BMAS 2014; für eine umfangreichere Einordnung siehe Bredel; Maaß 2016b, Teil II.

auch zu einer universellen Verständlichkeit von Texten führt, wie Bock (2019) argumentiert:

> „Was einen Text verständlich macht, kann je nach Text und Leser ziemlich unterschiedlich sein. Es ist schwierig, sprachliche Merkmale zu benennen, die jeden Text leicht verständlich machen, die also quasi universal sind und für die Verständlichkeit eines jeden Textes sorgen." (Bock 2019, S. 24).

Zudem kann das, was den einen die Zugänglichkeit erleichtert, für andere wiederum eine Verstehenshürde darstellen (vgl. Bock 2017, S. 19). Es muss demnach zwischen einer maximalen Verständlichkeit (der Textinhalt und die gewählte Sprache werden so einfach wie möglich gehalten) und der von Bock intendierten optimalen Verständlichkeit (das Komplexitätsniveau eines Textes orientiert sich am Zweck und an den Personen, an die er sich vorwiegend richtet) unterschieden werden (vgl. Bock 2019, S. 23). Auch wenn die maximale Verständlichkeit für einige die Voraussetzung ist, um überhaupt sinnentnehmend lesen zu können (vgl. Bredel; Maaß 2016b, S. 46) und sie zudem die Chance bietet, dass Texte von möglichst vielen verstanden werden (vgl. Bußmann 2021, S. 21), so handelt es sich dabei doch nicht grundsätzlich um die beste Lösung, da ein zu einfacher Text viele andere Leser*innen langweilen, unterfordern oder sich negativ auf deren Lesemotivation auswirken könnte (vgl. Bock 2019, S. 23).

Bei einer optimalen Verständlichkeit steht hingegen nicht das pauschale Textverstehen aller Menschen im Vordergrund – dieser Anspruch ist bei der sehr heterogenen Zielgruppe der Leichten Sprache auch nur schwer umzusetzen. Stattdessen soll damit die Angemessenheit eines Textes für seine Leserschaft sichergestellt werden. Ebenso wie bei Texten in Fach- und Standardsprache müssen auch die Übersetzungen in Leichte Sprache nicht für alle Nutzer*innen gleich verständlich sein, sondern vor allem für diejenigen, die mit dem Text umgehen und ihn verwenden müssen.[27]

27 Um dies mit einem Beispiel zu verdeutlichen: Wenn ein Text über die Gefahren des Cybermobbings geschrieben wird, dann richtet sich dieser an Personen, die davon betroffen

Um einen Text angemessen zu gestalten, könnten daher auch Verstöße gegen die Regeln der Leichten Sprache in Kauf genommen werden, wenn diese zu mehr adressatenbezogener Verständlichkeit führten (vgl. ebd., S. 17; 19; 23). Auch wenn dies nicht per se negativ bewertet werden muss, trägt es doch auch nicht zur Einheitlichkeit der Leichten Sprache bei. Und obwohl die Leichte-Sprache-Regeln in der Literatur immer wieder hinsichtlich deren Funktionalität und Wirksamkeit diskutiert werden, ist die Studienlage dazu aktuell noch nicht ausgeschöpft. Daher sprechen sich viele Autor*innen für die Notwendigkeit der empirischen Überprüfung der Regeln aus[28], da sich diese bisher nur als Empfehlungen betrachten ließen, durch die noch keine allgemeingültigen Aussagen zur Verständlichkeit getroffen werden könnten (vgl. Musolff; Roman-Barbas, S. 225). So wurden in den vergangenen Jahren einige wenige Untersuchungen gemacht, auf die im Folgenden knapp Bezug genommen werden soll.

Lasch (2017): Zum Verständnis morphosyntaktischer Merkmale in der funktionalen Varietät „Leichte Sprache"

Um herauszufinden, ob die Zielgruppe die Leichte Sprache versteht und wie schwierig sie diese selbst einschätzt, wurde den insgesamt 87 Teilnehmenden – davon 35 Personen mit Migrationshintergrund, 26 funktionalen Analphabet*innen und 26 Menschen mit geistiger Behinderung – ein vierteiliger Fragebogen vorgelegt (vgl. Lasch 2017, S. 288). Dieser enthielt einzelne Sätze bzw. kurze Texte mit bestimmten grammatikalischen Phänomenen, die gemäß den Regeln in der Leichten Sprache vermieden werden sollten. Sie wurden von den Proband*innen hinsichtlich ihrer allgemeinen Verständlichkeit sowie der Komplexität und Lesbarkeit beurteilt, wobei die Antwortmöglichkeiten

sein könnten, also an Menschen, die das Internet nutzen. Eine Erklärung, was das Internet überhaupt ist, würde hier also keinen Nutzen bringen – im Gegenteil: es besteht das Risiko, dass die Leser*innen den Text vorzeitig zur Seite legen, weil ihnen die präsentierten Inhalte (über die Erklärung des Internets) bereits geläufig sind und sie deshalb gar nicht bis zu den Inhalten vordringen, die eigentlich vermittelt werden sollen.

28 Vgl. Bock 2017, S. 253; Bredel, Maaß 2016a, S. 80f.; Jacobi 2021, S. 30; Gutermuth 2020, S. 18, 21, 119; Lasch 2017, S. 278.

(in Form von ja-/nein-Antworten bzw. Skalen) bereits vorgegeben waren und angekreuzt werden mussten. Darüber hinaus sollten nach dem Lesen zusätzlich Verständnisfragen beantwortet werden (vgl. ebd., S. 285ff.).

Ohne auf die Auswertung der einzelnen Testitems und überprüften LS-Regeln einzugehen[29], konnte diese Erhebung zeigen, dass „Texte in Leichter Sprache [...] durch die primären Adressaten [...] häufig als ‚zu leicht' oder ‚leicht' wahrgenommen [werden]." (ebd., S 291). Diese Aussagen bestätigten sich auch in der Auswertung der Verständnisfragen, die ein Großteil der Menschen mit geistiger Behinderung richtig beantwortet hatte (vgl. ebd., S. 292).

Bock (2019): „Leichte Sprache" – Kein Regelwerk

Ähnliche Ergebnisse konnten im Rahmen des linguistischen Teilprojekts der LeiSA-Studie[30] (2014–2018) erzielt werden, bei der in insgesamt acht Unterstudien mit 30 Menschen mit geistiger Behinderung sowie 20 funktionalen Analphabet*innen unterschiedliche Leichte Sprache-Regeln hinsichtlich ihrer Verständlichkeit für die Zielgruppe getestet wurden (vgl. Bock 2019, S. 6). Neben vielen wichtigen Ergebnissen die einzelnen Regeln betreffend[31], konnte vor allem herausgefunden werden, dass für die Verständlichkeit eines Textes weniger die strikte Einhaltung der Leichte Sprache-Regeln verantwortlich ist; vielmehr spielen die individuellen Fähigkeiten und Kenntnisse der Leser*innen sowie der Kontext, in den der jew. Text eingebettet ist, eine übergeordnete Rolle (vgl. ebd., S. 38f.; S. 53). So bestätigt ähnlich wie Lasch (2017) auch Bock,

> „[...] dass Menschen mit geistiger und Lernbehinderung sehr wohl über die notwendigen Sprach- und Lesekompetenzen verfügen, um Sätze zu verstehen, die im Sinne der ‚Leichten Sprache' als ‚zu schwierig' eingeordnet werden [...]" (Bock; Lange 2017, S. 267).

29 Diese können nachgelesen werden bei Lasch (2017).

30 LeiSA = Leichte Sprache im Arbeitsleben.

31 Eine umfangreiche Darstellung der Ergebnisse wäre dem Rahmen dieser Arbeit nicht angemessen oder zielführend, jedoch können die Ergebnisse in Bock 2019, S. 34ff. nachgelesen werden.

Die Ergebnisse sprechen aus Sicht der Beteiligten dafür, „das pauschale Verbot bestimmter sprachlicher Mittel in den ‚Leichte Sprache'-Prinzipien zu überdenken." (ebd., S. 268).

Gutermuth (2020): Leichte Sprache für alle?

Dahingegen gehen die Ergebnisse der letzten Erhebung, bei der mittels Kombination div. Methoden herausgefunden werden sollte, ob Texte in Leichter Sprache von der Ziel- sowie unterschiedlichen Nutzergruppen besser verarbeitet werden können als Texte in Behörden- oder Einfacher Sprache (vgl. Gutermuth 2020, S. 17), in eine andere Richtung: Während die Proband*innen (31 Menschen mit geistiger Behinderung, 30 Personen mit Migrationshintergrund, 36 Senior*innen sowie eine Kontrollgruppe bestehend aus 43 Studierenden, vgl. ebd. S. 133ff.) zwölf Varianten eines Textes lesen sollten, wurden deren Blickbewegungen innerhalb des Textes gemessen (vgl. ebd. S. 156ff.). Im Anschluss daran sollten die Inhalte der Texte wiedergegeben (freie Reproduktion, vgl. ebd. S. 151ff.) sowie individuell beurteilt werden, wie viel verstanden wurde (Ratingverfahren, vgl. ebd. S. 154f.). Dabei zeigte sich, dass die Leichte Sprache im Vergleich zu Behörden- und Einfacher Sprache von allen Untersuchungsgruppen am besten bewertet und am vollständigsten wiedergegeben werden konnte. Zudem waren auch die Gesamtlesezeiten insgesamt am kürzesten. Zusammenfassend konnten daher für die Ziel- sowie die untersuchten Nutzergruppen „positive Effekte in unterschiedlicher Ausprägung" nachgewiesen werden (ebd., S. 255), wobei Menschen mit geistiger Behinderung am meisten von der Leichten Sprache profitierten (vgl. Gutermuth 2020, S. 256f.). Davon, dass die Formulierungen zu leicht seien, war bei dieser Studie nicht die Rede.

Obwohl die Erhebungen in Bezug auf die Verständlichkeit uneinheitliche Ergebnisse erzielten, was mitunter an der Heterogenität der Zielgruppe liegen könnte, wurde bisher ersichtlich, dass trotzdem viele Menschen von der Varietät profitieren (vgl. Kap. 2.2) und die Leichte Sprache zudem auch aktiv eingefordert wird (vgl. Albers 2021). Darüber hinaus besteht auch ein rechtlicher Anspruch auf deren Verwendung und Bereitstellung. In welchen Gesetzen sich Regelungen dazu finden, wird das nachfolgende Kapitel zeigen.

2.5 Gesetzliche Grundlagen der Leichten Sprache

Den ersten Meilenstein für die gesetzliche Verankerung der Leichten Sprache stellte die Änderung des Art. 3 *Grundgesetz* (GG) im Jahr 1994 dar. Die Ergänzung des Benachteiligungsverbotes aufgrund von Behinderung im Art. 3 Satz 3 GG gilt als wegbereitend für weitere Gesetze zur Sicherstellung der Teilhabe von Menschen mit Behinderung am gesellschaftlichen Leben (vgl. Bredel; Maaß 2016a, S. 70).

Einige Jahre später trat das *Behindertengleichstellungsgesetz* (BGG) in Kraft, mit dem die Benachteiligung von Menschen mit Behinderung beseitigt und deren Gleichstellung in der Interaktion mit der öffentlichen Verwaltung sichergestellt werden sollte (vgl. Lang 2020, S. 68; 71; 81). Im §4 der ersten Fassung von 2002 wurde Barrierefreiheit erstmals nicht nur auf bauliche Merkmale beschränkt, sondern um die Aspekte der Information und Kommunikation erweitert. Durch dieses veränderte Verständnis wurde es betroffenen Personen ermöglicht, sich im Rahmen von Verwaltungsverfahren mit alternativen Kommunikationsformen zu verständigen (vgl. §9 BGG) und auch die angemessene Aufbereitung und Bereitstellung von Bescheiden und anderen Schriftstücken wurde durch §10 BGG sichergestellt (vgl. Lang 2020, S. 81). Nach der Überarbeitung des Gesetzes im Jahr 2016 fand schließlich auch konkret die Leichte Sprache Einzug, denn nach §11 Abs. 4 BGG sollen „Träger öffentlicher Gewalt [...] Informationen vermehrt in Leichter Sprache bereitstellen", wobei damit – anders als bei den §§9 und 10 BGG – noch kein einklagbarer Rechtsanspruch auf Leichte Sprache verbunden war (vgl. ebd., S. 82).

Speziell die Umsetzung des §12a BGG – welcher öffentliche Stellen zur barrierefreien Gestaltung ihrer Websites und mobilen Anwendungen verpflichtet (vgl. §12a Abs. 1 BGG) – wird in der *Barrierefreie-Informationstechnik-Verordnung* (BITV) weiter konkretisiert (vgl. Bredel; Maaß 2016a, S. 70). Die Verordnung trat erstmals im Jahr 2002 in Kraft, wurde 2011 als BITV 2.0 neu aufgelegt und enthält vier Prinzipien zur barrierefreien Gestaltung von Webinhalten (vgl. Lang 2020, S. 69; 84). Zu den barrierefreien Angebote zählt neben der Gebärden- nun auch die Leichte Sprache, womit die BITV 2.0 als erste Verordnung Leichte Sprache ausdrücklich vorschreibt (vgl. Bredel; Maaß 2016a, S. 76f). Allerdings sind die öffentlichen Stellen nicht etwa dazu verpflichtet, alle Inhalte ihrer Internetseite in LS anzubieten; lediglich Informationen zu wesentlichen Inhalten, eine Erklärung zur Barrierefreiheit sowie Hinweise auf weiterführende Informationen in Leichter Sprache müssen zur Verfügung gestellt werden (vgl. Koehler 2021, S. 177).

Einen Paradigmenwechsel in der Behindertenpolitik, welcher sich auch bis heute auf die Verwendung und Verbreitung der Leichten Sprache auswirkt, stellt die 2009 in Kraft getretene *UN-Behindertenrechtskonvention* (UN-BRK) dar (vgl. Bredel; Maaß 2016a, S. 68). Der Zweck des Übereinkommens ist es, Menschen mit Behinderung den Zugang zu allen Menschen- und Grundrechten im gleichen Maße zu ermöglichen wie Personen ohne Beeinträchtigung (vgl. Art. 1 UN-BRK), damit auch sie uneingeschränkt und selbstbestimmt an allen Lebensbereichen teilhaben können (vgl. Lang 2020, S. 69). Bezüge zur barrierefreien Kommunikation finden sich in vielen Artikeln der Konvention[32] (vgl. ebd., S. 80). Dies führte zu einer Verankerung der Leichten Sprache in weiteren Rechtstexten auf nationaler Ebene, vor allem in solchen, „in denen es eine Rolle spielt, dass sich Bürgerinnen und Bürger im Bereich des öffentlichen Rechts eigenständig informieren" (ebd., S. 72). Durch zahlreiche Aktionspläne auf Bundes-, Landes- und kommunaler Ebene, setzen sich immer mehr Akteur*innen mit der Thematik der barrierefreien Kommunikation auseinander und die Leichte Sprache gewinnt zunehmend an Bekanntheit (vgl. Bredel; Maaß 2016a, S. 69).

32 Vgl. in der Präambel Buchstabe v), in Art. 2, in Art. 9, in Art. 9 Abs. 1 und 1b) in Art. 9 Abs. 2g) und 2h), in Art. 21 und Art. 21b) sowie in Art. 24 Abs. 3a), 3b) und 3c).

3 Möglichkeiten und Grenzen des Genderns in der Leichten Sprache

Nachdem bis hierhin die gendergerechte und die Leichte Sprache jeweils für sich vorgestellt wurden, erfolgt in diesem Kapitel eine gemeinsame Einordnung der beiden Sprachvarianten, aus der hervorgehen soll, welche Möglichkeiten des gendergerechten Formulierens die Leichte Sprache bietet und wieso das Gendern gerade dort eine wichtige Rolle spielen sollte.

Zwar mag es auf den ersten Blick nicht offensichtlich oder sogar widersprüchlich erscheinen, aber beide Varianten verfolgen das gleiche Ziel, nämlich die Inklusion von Personen, „die sonst (sprachlich und/oder gesellschaftlich) zu wenig berücksichtigt werden, mit Hilfe sprachlicher Mittel." (Bedijs 2021, S. 148). Der entscheidende Unterschied liegt in der Ausgestaltung: Während die Leichte Sprache für mehr Teilhabe an Kommunikation die sprachliche Komplexität von Texten reduziert, gehen gendergerechte Formulierungen oftmals mit einer Steigerung der Textkomplexität einher (vgl. Bedijs 2021, S. 145).

Eben wegen seiner komplexeren Strukturen wird das Gendern in der Leichten Sprache oftmals nicht empfohlen und auch die Regelwerke sehen keine gendergerechten Formulierungen vor (vgl. Jacobi 2020, S. 50). Das Netzwerk Leichte Sprache erlaubt die Verwendung der Paarform, mit der immerhin zwei Geschlechter abgebildet werden können, wobei die männliche Form vor die weibliche gestellt werden muss (vgl. BMAS 2014, S. 48). Im Regelbuch der Forschungsstelle Leichte Sprache der Universität Hildesheim heißt es stattdessen explizit: „Verständlichkeit schlägt im Zweifelsfall andere Kriterien (wie z. B. eine geschlechtergerechte Sprache)" (Maaß 2015, S. 85). Empirische Befunde, auf die sich diese Aussagen stützen würden, gibt es bislang allerdings noch keine (vgl. Bedijs 2021, S. 145). Diese Absolutsetzung der Leichte-Sprache-Kriterien ist es, die einer Verbindung der beiden Varianten im Weg steht, denn

> „Texte können nicht gleichzeitig die Ziele der Leichten Sprache und der gendersensiblen Sprache berücksichtigen, wenn die Kriterien eines

> der beiden Lenkungsansätze absolut priorisiert werden und der andere Ansatz damit verworfen wird.“ (ebd., S. 149).

Auch von Gegner*innen einer gendergerechten Sprache wird das Argument der Verständlichkeit gerne angeführt, indem sie einwenden, dass gendergerechte Formulierungen einen Text schlechter lesbar und damit schwerer verständlich machen. Dabei beziehen sie sich in ihrer Argumentation überraschend oft auf die Ziel- und Nutzergruppen der Leichten Sprache:

> „Die Sprache absichtlich zu verkomplizieren, bedeutet zwangsläufig auch, die Hürde höher zu legen und Andere aus dem Diskurs auszuschließen. Schon der Durchschnittsleser stolpert durch gegenderte Texte, für Nichtmuttersprachler sowie Menschen mit Leseschwäche, Hörbehinderung oder kognitiver Einschränkung ist die Herausforderung umso größer, denn gendergerechte Sprache und leichte Sprache folgen gegensätzlichen Regeln. Barrierefreiheit war gestern.“ (Stein 2021, o. S.).

Wäre es nun tatsächlich so, dass gendergerechte Texte schlechter lesbar und schwerer verständlich sind als Texte im generischen Maskulinum, dann würde viel gegen das Gendern in der Leichten Sprache sprechen. Im ersten Kapitel wurde allerdings eine Auswahl an empirischen Studien präsentiert, die für die Standardsprache belegen konnten, dass unterschiedliche geschlechtergerechte Formen (z. B. das Binnen-I oder die Paarform) hinsichtlich ihrer Verständlichkeit nicht schlechter beurteilt werden als das generische Maskulinum (vgl. Braun et al. 2007; Friedrich, Heise 2019). Auch dieses könne dieses oftmals nicht eindeutig interpretiert werden und für die Leser*innen ist gar unklar, welche Personen oder Geschlechter angesprochen werden sollen. Wenn diese Problematik also bereits in der Standardsprache auftritt, stellt sich für die Leichte Sprache umso mehr die Frage, ob ihre Nutzer*innen kognitiv in der Lage sind zu verstehen, wie eine maskuline Form interpretiert werden muss – ob also tatsächlich nur männliche Personen angesprochen werden sollen oder ob der Text auch an Frauen und Personen mit anderer Geschlechtsidentität gerichtet ist (vgl. Bedijs 2021, S. 151).

Texte in Leichter Sprache sollen nicht nur einfach sein, sondern auch so präzise wie möglich, um eine bessere Verständlichkeit zu gewährleisten[33]. Eine solche Präzision in Bezug auf das angesprochene Geschlecht ist mit der Verwendung des generischen Maskulinums nicht gegeben – es sei denn, ein Text richtet sich tatsächlich nur an männliche Personen. Die Verwendung gendergerechter Formulierungen könnte also dabei helfen, das Geschlecht eindeutiger zu benennen, bzw. bewusst herauszustellen, dass wirklich alle Menschen angesprochen werden sollen. Dem von Maaß (2015) postulierten Prinzip der größtmöglichen Verständlichkeit würde das Gendern demnach keineswegs widersprechen; vielmehr könnten sich sein Anspruch der größtmöglichen Gendergerechtigkeit und die damit verbundene Konkretisierung von Geschlechtsbezeichnungen gar positiv darauf auswirken (vgl. Bedijs 2021, S. 150ff.).

Auch im Sinne der von beiden Seiten angestrebten Inklusion sollten gendergerechte Formulierungen in der Leichten Sprache Platz finden: Manche Menschen mit geistiger Behinderung haben, wie zuvor in Kapitel 2.3 dargestellt, lediglich über die Leichte Sprache einen Zugang zu Informationen. Wird in der Leichten Sprache auf gendergerechte Formulierungen verzichtet, könnten Personen, die sich ausschließlich mittels Texten in LS informieren können, von diesem Diskurs ausgeschlossen werden. Zudem sind Personen aus der Zielgruppe ebenfalls „Menschen jeglicher Geschlechtsidentität“, die sich angemessen angesprochen fühlen sollen (Bedijs 2021, S. 148).

Es kann angenommen werden, dass nicht alle gendergerechten Formulierungsmöglichkeiten für die Leichte Sprache geeignet sind. Deshalb sollen im Folgenden nun einige Varianten aufgegriffen und erklärt werden, wie und warum diese innerhalb der Varietät funktionieren könnten.

33 Dies zeigt sich bspw. an Regeln wie „Benutzen Sie Wörter, die etwas genau beschreiben.“ (BMAS 2014, S. 23), „Benutzen Sie immer die gleichen Wörter für die gleichen Dinge“ (ebd., S. 25), „Verzichten Sie auf Abkürzungen“ (ebd., S. 27) oder dem Verzicht auf bildliche Sprache, die Raum für Spekulationen lässt (vgl. ebd, S. 33).

Asterisk/Genderstern

Wie im ersten Kapitel (vgl. Kap. 1.3) ausführlich dargelegt wurde, empfiehlt der Rat für deutsche Rechtschreibung den Genderstern nicht. Dafür sind mehrere Gründe zu nennen, bspw. die Unvereinbarkeit des Zeichens mit einigen der oben genannten Kriterien oder die Tatsache, dass bisher nicht abzusehen ist, ob sich der Stern auch mittel- bis langfristig als Genderstrategie durchsetzen wird (vgl. RfdR 2018, S. 9). Andererseits handelt es sich beim Genderstern um die am meisten verwendete Form für die angemessene Darstellung aller Geschlechter (vgl. Krome 2020b, S. 68) und da er sich seit seiner erstmaligen Verwendung im Jahr 2015 in diversen Bereichen (bspw. im Hochschulkontext oder der öffentlichen Verwaltung (vgl. RfdR 2018, S. 11)) bereits etabliert hat, scheinen „Verständlichkeit und vermutlich auch Lesbarkeit [...] also mittlerweile gewährleistet zu sein." (Krome 2020a, S, 45). Auch werde die Verständlichkeit nicht durch die Verwendung des Asterisks in anderen Kontexten (vgl. Fußnote 10) beeinträchtigt, da er beim Gendern im Wortinneren verwendet wird und damit eindeutig abgegrenzt werden könne (vgl. RfdR 2018, S. 11).

Daneben lässt sich als gewichtiges Argument für die Verwendung des Gendersterns anführen, dass sowohl Personen, die ihre Geschlechtsidentität außerhalb des binären Spektrums verorten, wie auch Menschen mit Behinderung selbst, den Asterisk als präferiertes Genderzeichen anführen: Einer Erhebung aus dem Jahr 2021, die von der Überwachungsstelle des Bundes für Barrierefreiheit in der Informationstechnik (BFIT-Bund) herausgegeben wurde, kann entnommen werden, dass Menschen mit geistiger Behinderung wie auch Personen mit anderen Beeinträchtigungsarten, den Genderstern aufgrund seiner besseren Wahrnehmbarkeit (im Vergleich zum Doppelpunkt) bevorzugen. Zudem sei der Stern durch seine Eindeutigkeit verständlicher als der Doppelpunkt, der nicht nur als Genderzeichen, sondern ebenfalls verwendet wird, um Übergänge zu kennzeichnen oder anzukündigen (vgl. Koehler; Wahl 2021, S. 12). Auch die im Rahmen der Erhebung befragte Selbstvertretung der LGBTI*Q[34] präferiert die Verwendung des Asterisks, denn dieser „ist in der Bedeutung für andere Verwendungszwecke noch nicht besetzt." (ebd., S. 15);

34 LGBTI*Q: „Lesbische Frauen, schwule Männer, bi, inter und trans* Menschen" (Koehler; Wahl 2021).

auch von LGBTI*Q-Mitgliedern mit Behinderung wird er aufgrund seiner besseren Wahrnehmbarkeit hauptsächlich genutzt (vgl. ebd.).

Nichtsdestotrotz stellt der Asterisk ein Sonderzeichen dar. In den Regeln für Leichte Sprache des Netzwerks heißt es dazu: „Vermeiden Sie Sonder-Zeichen". Und weiter: „Wenn Sie ein Sonder-Zeichen benutzen müssen: Dann erklären Sie das Zeichen." (BMAS 2014, S. 43). Bredel und Maaß (2016a) unterscheiden drei Arten von Sonderzeichen und notwendigerweise dazugehörigen Erklärungen:

> Für Sonderzeichen, die häufig vorkommen und eine gewisse Relevanz für den Alltag haben (bspw. das Eurozeichen „€") ist eine Übersetzung des Zeichens in das jew. Wort (z. B.: Das Zeichen „€" bedeutet „Euro") sinnvoll und ausreichend (vgl. Bredel; Maaß 2016a, S. 251).

Bei komplexeren und weniger bekannten Sonderzeichen, wie bspw. dem Paragraphenzeichen „§" ist eine einfache Übersetzung des Zeichens in das Wort nicht ausreichend; vielmehr ist es notwendig im Sinne der Netzwerk-Regeln den Begriff („Paragraph") ebenfalls zu erklären (vgl. ebd.).

Die dritte Gruppe von Sonderzeichen umfasst solche, mit denen ein dahinterstehendes Konzept verknüpft ist: Beim Prozentzeichen „%" genügen sowohl die Übersetzung als auch die Erklärung nicht; um das Zeichen verstehen zu können, ist es zusätzlich erforderlich, das dahinterliegende Konzept (Prozent = Anteile pro Hundert) zu erläutern (vgl. ebd.).

Auch der Genderstern kann dieser letzten Kategorie zugeordnet werden. Hinter ihm steht ein gesellschaftlich relevantes Konzept, weshalb der Stern und seine Bedeutung im Vorfeld eingeführt und gut erklärt werden sollten, um Missverständnisse oder Überforderung zu vermeiden.

Disclaimer

Dafür könnte sich ein sog. Disclaimer als sinnvoll erweisen, der jedoch nicht in seiner ursprünglichen Form – als Rechtfertigung des generischen Maskulinums (vgl. Kap. 1.3) – verwendet werden soll, sondern mit dem am Anfang des Textes auf die Verwendung des Gendersterns hingewiesen und dessen Bedeutung dargelegt wird. Dieser könnte bspw. so aussehen:

> **Der Stern * im Text**
> Manche Wörter in unserem Heft sind anders geschrieben.
> Sie haben einen Stern in der Mitte vom Wort.
> Das sieht so aus: Bewohner*innen.
>
> Der Grund dafür ist:
> Wir möchten in unserem Heft Männer und Frauen ansprechen.
> Wir möchten über Männer und Frauen schreiben.
> Aber manche Menschen sind kein Mann und keine Frau.
> Oder sie fühlen sich nicht als Mann und nicht als Frau.
> Mit dem Stern möchten wir auch diese Menschen ansprechen.
>
> Zum Beispiel:
> - Manche Menschen haben weibliche Geschlechtsteile und fühlen sich als Mann.
> - Manche Menschen haben männliche Geschlechtsteile und fühlen sich als Frau.
> - Manche Menschen haben beides: weibliche und männliche Geschlechtsteile.
>
> Diese Menschen fühlen sich beim Lesen von Texten oft ausgeschlossen.
> Mit dem Stern möchten wir zeigen:
> Wir schreiben über alle Menschen.
> Wir sprechen alle Menschen an.
> Egal, welches Geschlecht sie haben.
>
> Wörter mit dem Stern spricht man so: Bewohner innen.
> Für den Stern macht man beim Sprechen eine kleine Pause.[35]

35 Der Disclaimer wurde vom Fach-Zentrum für Leichte Sprache der CAB Caritas Augsburg Betriebsträger gGmbH zur Verfügung gestellt.

Diese Erklärung scheint auf den ersten Blick recht lang, doch enthält sie viele wichtige und verständlichkeitsfördernde Aspekte für Personen, die mit dem Genderstern bisher noch nicht vertraut sind: So wird zunächst ein Beispiel für ein Wort gezeigt, welches den Genderstern enthält („Bewohner*innen"), damit das Zeichen im Verlauf des Hefts wiedererkannt wird. Anschließend wird erklärt, wieso die Schreibweise gewählt wurde, was sie bedeutet, und dass dahinter das Konzept der Geschlechtervielfalt steht. Zuletzt findet sich noch eine Beschreibung, wie das Sonderzeichen, bzw. ein Wort, das das Zeichen enthält, richtig ausgesprochen wird.

Die Länge von rund einer Seite ist für den Kontext des Disclaimers, welcher in einem Heft erscheinen soll, ebenfalls angemessen; überlegt werden muss, wie damit in weniger umfangreichen Textsorten (Flyern, Broschüren, Aushängen etc.) umgegangen werden kann.

Da die Erklärung von Sonderzeichen gemäß den Regeln für LS notwendig ist, kann der Disclaimer als gute Möglichkeit betrachtet werden, um dieser Verpflichtung nachzukommen.

Gendergerecht formulieren mithilfe stilistischer und grammatisch-syntaktischer Mittel

Der letzte Teil dieses Kapitels beleuchtet gendergerechte Varianten, die sich im Rahmen der gültigen Rechtschreibung und Grammatik bewegen, ohne durch Sonderzeichen in ein Wort einzugreifen und ohne Disclaimer, die einen Text wiederum länger machen. Vom RfdR werden diese Mittel als „stilistische" bzw. „grammatisch-syntaktische Strategien" bezeichnet (vgl. RfdR 2018, S. 3; vgl. Kap. 1.3). Sie bieten den Vorteil, dass sie nicht so sehr vom Textinhalt ablenken und dennoch alle Personen gleichermaßen ansprechen (vgl. Diewald 2020, S. 9). Einige davon lassen sich im Hinblick auf die Regeln der Leichten Sprache besser anwenden als andere. Im Folgenden wird daher eine Auswahl dieser Varianten vorgestellt und deren Verwendung im Hinblick auf die Regeln der Leichten Sprache nach dem Regelwerk des Netzwerks/BMAS (2014) beurteilt.

Für die sog. *Partizipialform* können sowohl das substantivierte Partizip I (die Studierenden, Lehrenden, Forschenden, Teilnehmenden) wie auch das Partizip II eines Verbs (die Abgeordneten, Gewählten, Geretteten, Angestellten) verwendet werden (vgl. Diewald; Steinhauer 2020, S. 129). Dabei ist zu beachten, dass jeweils nur die Pluralformen geschlechtsneutral sind. Zudem sind Partizipien insgesamt nicht immer leicht verständlich. Während einige Formen im Alltag gebraucht werden, klingen andere Konstruktionen bereits in der Standardsprache umständlich (vgl. z. B. Backende statt Bäcker) und sollten daher – auch aufgrund ihrer fehlenden Eindeutigkeit (vgl. Bedijs 2021, S. 154) – in der Leichten Sprache nicht verwendet werden. In vielen Fällen verstoßen Partizipialformen gegen die beiden LS-Regeln, die die Verwendung von einfachen und bekannten Wörtern vorschreiben (vgl. BMAS 2014, S. 22; 24). Auch wenn sie deshalb *insgesamt* nicht für die Anwendung in der Leichten Sprache empfohlen werden, so ist der Einsatz einzelner Formen, die als bekannt vorausgesetzt werden können, durchaus denkbar. Es ist im Einzelfall zu prüfen, ob eine durch Partizipien gebildete Umformulierung im Kontext eines Textes verstanden wird und daher verwendet werden kann (vgl. Bedijs 2021, S. 155).

Ein weiteres, recht unauffälliges Mittel gendergerechter Schreibung ist die *Neutralisierung* durch den Einsatz von Begriffen und Personenbezeichnungen, von denen kein direkter Bezug auf das Geschlecht ausgeht. Die Beispiele dafür sind vielfältig und viele von ihnen auch weit verbreitet und damit bekannt und verständlich: Publikum statt Zuschauer*innen oder Zuhörer*innen, Lehrkraft oder Lehrpersonal statt Lehrer*innen, Pflegekraft statt Pfleger*in (vgl. ebd., S. 154). Andere Wörter wie Personen, Menschen, Gäste oder Mitglieder sind an und für sich bereits geschlechtsneutral und können ebenfalls gut eingesetzt werden. Dabei ist für die Leichte Sprache zu beachten, dass die Wörter innerhalb der Zielgruppe bekannt sind (vgl. BMAS 2014, S. 24).

Dies gilt auch für die Verwendung von *Kurzwörtern*, also geschlechtsneutralen Abkürzungen von Personenbezeichnungen, wie bspw. Azubi für Auszubildende*r, Hiwi für Hilfswissenschaftler*in oder OB für Oberbürgermeister*in (vgl. Krome 2020b, S. 71). Neben der Überprüfung der Bekanntheit ist dabei die Regel zu beachten, die einen Verzicht von weniger bekannten Abkürzungen vorsieht (vgl. BMAS 2014, S. 27). Daneben besteht die Möglichkeit, eine schwer verständliche oder unbekannte Abkürzung zu erklären (vgl. ebd., S. 24), weshalb auch die Verwendung von Kurzwörtern eine Möglichkeit des gendergerechten Formulierens darstellen kann, die jedoch ebenso im Einzelfall geprüft werden muss.

Eine Strategie im Sinne der Leichten Sprache ist die *Umformulierung von Substantiv zu Verb*, wie im nachfolgenden Beispiel: „Das Seminar hatte 10 Teilnehmer*innen." kann umgewandelt werden zu: „Am Seminar haben 10 Personen teilgenommen." (vgl. Bedijs 2021, S. 155). Dies entspricht der Regel „Benutzen Sie Verben" (BMAS 2014, S. 28), weshalb diese Möglichkeit in der Leichten Sprache eingesetzt werden kann. Vorsicht ist jedoch bei Umformulierungen geboten, die das Passiv zur Folge haben: „Der Herausgeber des Buchs ist xyz." sollte nicht verändert werden hin zu: „Das Buch wurde herausgegeben von xyz.", da das Passiv in der Leichten Sprache nicht vorgesehen ist (vgl. BMAS 2014, S. 29).

In diesem Fall könnte eine gelungenere Formulierung lauten: „Xyz hat das Buch herausgegeben". Diese Art der *direkten Anrede/Benennung* vermeidet den Bezug auf das Geschlecht, da der*die Herausgeber*in direkt beim Namen genannt wird. Auch die Verwendung des Pronomens „wir" sowie die direkte/höfliche Anrede „Du"/„Sie" (je nach Kontext) bieten sich an, um den Fokus auf die angesprochenen Personen und nicht auf deren Geschlechtsidentität zu legen, vor allem in Kontexten, in denen dies nicht notwendig ist (vgl. Diewald 2020, S. 10). Die direkte Anrede ist in der Leichten Sprache verbreitet und findet sich in den Regeln wieder (vgl. BMAS 2014, S. 47f.).

Im vorliegenden Kapitel wurde ausgehend von den Gemeinsamkeiten und Unterschieden der gendergerechten und Leichten Sprache gezeigt, wie die beiden Varianten verbunden werden können und wieso es auch bzw. gerade für die Leichte Sprache nicht unerheblich ist, ob gendergerecht formuliert wird oder nicht. Da der Genderstern sowohl für die Standard- als auch die Leichte Sprache eine wichtige Strategie darstellt, befasst sich die nachfolgende Erhebung vor allem mit dem Einsatz dieses Zeichens in Texten der Leichten Sprache.

4 Empirische Erhebung: Zu den Herausforderungen gendergerechter Formulierungen in der Leichten Sprache

Dieser Teil der Arbeit befasst sich mit der empirischen Untersuchung der eingangs vorgestellten Fragestellung. Die Erhebung zum Thema ist insofern von Bedeutung, da es bisher nur wenig Literatur gibt, die beiden Ansätze der gendergerechten und der Leichten Sprache zusammenzubringen versucht (vgl. Bedijs 2021). Zudem lehnen viele Akteur*innen der Leichten Sprache gendergerechte Formulierungen innerhalb der Varietät gänzlich ab, da die Verständlichkeit Vorrang habe vor der Diversität (vgl. Bredel; Maaß 2016b; Maaß 2015; BMAS 2014). Allerdings wurde bisher noch nicht empirisch überprüft, ob sich gendergerechte Formulierungen tatsächlich negativ auf die Verständlichkeit der Texte in Leichter Sprache auswirken. Durch die „[analytische] und [interpretative] Auseinandersetzung mit dem empirischen Material" (Bogner; Littig; Menz 2014, S. 25) sollen Zusammenhänge sichtbargemacht und neue Schlüsse gezogen werden. Diese Untersuchung soll, auch wenn sie nur mit einer kleinen Stichprobe (n=14) durchgeführt werden konnte und daher kein allgemeingültiger Anspruch formuliert werden kann, einen ersten Schritt hin zu dieser empirischen Überprüfung wagen.

Im Folgenden werden nun zunächst das Forschungsinteresse (vgl. Kap. 4.1) sowie die Besonderheiten bei der Befragung von Menschen mit geistiger Behinderung (vgl. Kap. 4.2) dargestellt, bevor in Kap. 4.3 das methodische Vorgehen skizziert wird.

4.1 Ausgangslage, Erkenntnisinteresse und Zielsetzung der Untersuchung

Aufgrund der zunehmenden Bedeutung des Geschlechts als sozialer Kategorie im Sinne des *gender*, welches Geschlecht als Resultat der Sozialisation einer Person und nicht als ein biologisch gegebenes, unveränderbares Phänomen begreift (vgl. Kap. 1.1), haben sich über die Zeit verschiedene Ansätze entwickelt, um auch sprachlich nicht mehr nur Mann und Frau, sondern alle Geschlechtsidentitäten sichtbar zu machen. In den Medien und im öffentlichen Diskurs werden diese oft negativ beleuchtet und politisch-gesellschaftlich in eine bestimmte Ecke gedrängt (vgl. Infratest dimap 2021). Und obwohl es zahlreiche Formulierungsmöglichkeiten gibt, die das Geschlecht weniger stark in den Vordergrund stellen, dreht sich der Diskurs vor allem um Satz- und Sonderzeichen wie den Genderstern, mit dessen Verwendung das Ziel verfolgt wird, „mittels Sprache Benachteiligungsverhältnisse sichtbar zu machen und abzubauen" (Rödder; Rödder 2022, S. 6).

Im Vorfeld dieser Arbeit wurde überlegt, ob gendergerechte Formulierungen mittels Genderzeichen tatsächlich die Benachteiligung aller Menschen, also auch von Menschen mit geistiger Behinderung, zu reduzieren in der Lage sind oder ob sich diese – wie von einigen Gegner*innen (vgl. Stein 2021), Akteur*innen der Leichten Sprache (vgl. Maaß 2015) oder gar von öffentlichen, weisungsgebenden Stellen (vgl. RfdR 2018; 2021) behauptet – vorwiegend negativ auf die Verständlichkeit und Lesbarkeit und somit auf die Barrierefreiheit von Texten auswirken.

Aus diesen Überlegungen heraus ist die Idee zur vorliegenden Arbeit mitsamt der nachfolgenden empirischen Studie entstanden, in deren Mittelpunkt mittels Asterisks gebildete gendergerechte Formulierungen innerhalb von Texten der Leichten Sprache stehen und für welche eine Erhebung mit Personen aus der Zielgruppe der Leichten Sprache gemacht wurde. Dafür wurden verschiedene Methoden der Verständlichkeitsforschung sowie der qualitativen Befragung kombiniert, um herauszufinden, vor welche Herausforderungen gendergerechte Formulierungen die Leser*innen von LS-Texten stellen.

Da jedoch für die Erhebung/Befragung von Menschen mit geistiger Behinderung einige Aspekte von Bedeutung sind, die es bei einer Untersuchung mit Personen ohne Beeinträchtigungen nicht zu beachten gilt, werden diese nun zunächst dargelegt.

4.2 Grundsätze bei der Befragung von Menschen mit geistiger Behinderung

Bei der Befragung von Menschen mit geistiger Behinderung können gemäß Dworschak (2004) und Schäfers (2008) diverse Einflussfaktoren unterschieden werden, die entweder von der befragten Person selbst ausgehen, durch die interviewende Person bzw. die Interviewsituation bedingt werden oder zentral von den gestellten Fragen abhängen (vgl. Dworschak 2004, S. 26ff.; Schäfers 2008, S. 147ff.).

Einflussfaktoren von den befragten Personen ausgehend

Lange Zeit wurde behauptet, dass Menschen mit geistiger Behinderung aufgrund ihrer kognitiven Disposition nicht für eine Befragung geeignet wären oder gar den „Prototyp des Nicht-Befragbaren" (Laga 1982, S. 228) darstellten. Daher wurden – wenn überhaupt – häufig stellvertretende Befragungen mit Angehörigen oder anderen Bezugspersonen durchgeführt, um Erkenntnisse über die Lebenswirklichkeit, Bedarfe und Empfindungen der Zielgruppe zu erhalten (vgl. Dworschak 2004, S. 31f.). Mittlerweile hingegen werden Personen mit geistiger Behinderung immer öfter im Rahmen von inklusiven und partizipativen Forschungssettings als Co-Forscher*innen beteiligt.[36]

Nichtsdestotrotz werden in der Literatur verschiedene Aspekte beschrieben, die von dem zu befragenden Personenkreis ausgehen und in der Befragungssituation zu Antwortverzerrungen führen könnten. Zu nennen sind hier

36 Vgl. dazu bspw. die verschiedenen Beiträge in Buchner, Tobias; Koenig, Oliver; Schuppener, Saskia (Hrsg.) (2016) Inklusive Forschung. Gemeinsam mit Menschen mit Lernschwierigkeiten forschen, Bad Heilbrunn: Verlag Julius Klinkhardt oder auch Keeley, Caren; Munde, Vera; Schowalter, Rahel; Seifert, Monika; Tillmann, Vera; Wiegering, Ruth (2019) Partizipativ forschen mit Menschen mit komplexem Unterstützungsbedarf. In: Teilhabe 3/2019, Jg. 58, S. 96–102.

vor allem Antworten gemäß der sozialen Erwünschtheit sowie eine Zustimmungs- / Ja-Sage-Tendenz. Durch diese kann verborgen werden, dass die Frage nicht verstanden wurde, die Antwort auf eine Frage nicht bekannt ist oder man sich keine Gedanken dazu machen möchte. Auch der Wunsch nach sozialer Anerkennung spielt sicherlich in manchen Fällen eine Rolle; zudem müssen zustimmende Antworten in der Regel nicht begründet werden, während dies bei abweichenden Antworten durchaus der Fall ist (vgl. Dworschak 2004, S. 29; vgl. Hagen 2002, S. 294). Diese Tendenzen lägen jedoch nicht am Grad der Beeinträchtigung der befragten Personen, sondern entstünden „aufgrund ihrer eingeschränkten Erfahrung damit, befragt zu werden“ (Hagen 2002, S. 296). Dazu passend beschreibt Moisl (2017), dass die befragten Personen von sich aus oftmals keinen Bezug zu inhaltlich kritischen Aspekten einer Befragung nehmen und dieser in nur wenigen Fällen durch konkretes Nachfragen hergestellt werden könne (vgl. Moisl 2017, S. 322). Antwortverzerrungen können des Weiteren durch falsche Schätzungen oder Erinnerungslücken sowie aufgrund von Ermüdung und nachlassender Konzentration im Laufe der Befragung entstehen (vgl. Dworschak 2004, S. 29). In vielen Fällen führen diese Aspekte dazu, dass die gestellten Fragen nicht verstanden oder widersprüchliche Antworten, manchmal gar ohne Bezug zur Frage, gegeben werden (vgl. Moisl 2017, S. 322).

Insgesamt ist dabei jedoch die Heterogenität der Gruppe von Menschen mit geistiger Behinderung zu bedenken: Bei den unterschiedlichen Proband*innen werden „[…] die für die Interviews geforderten Kompetenzen wie Kognition, Perspektivenübernahme oder Normenreflexion unterschiedlich stark ausgeprägt sein […]“ (Dworschak 2004, S. 30). Daher stehen bei der Befragung der Zielgruppe weniger deren Kompetenzen im Vordergrund, sondern der Erfolg der Befragung und die Verwertbarkeit der erhaltenen Antworten werden vielmehr von der interviewenden Person und der von ihr gestalteten Befragungssituation beeinflusst (vgl. Niediek 2016, o. S.).

Einflussfaktoren von den interviewenden Personen und dem Setting ausgehend

Hier sei zunächst angemerkt, dass es sich bei Befragungen nicht um natürliche Gesprächssituationen handelt, sondern diese künstliche Situationen darstellen, die mit einem ungleichen Verhältnis von befragender und befragter Person verbunden sind (vgl. Dworschak 2004, S. 27f.).

Daher kann es als Aufgabe der interviewenden Person angesehen werden, eine angenehme Atmosphäre zu schaffen, denn: „Die befragte Person muss sich trauen, ihre Fähigkeiten zu zeigen und Meinungen zu äußern.“ (Wilkens 2019, S. 341). Dafür sollten vor Beginn der Befragung die Hintergründe des Interviews und die Bedeutung der Meinung der befragten Person erklärt sowie Anonymität und Freiwilligkeit zugesichert sowie das Einverständnis eingeholt werden. Hilfreich kann es zudem sein, festzuhalten, dass es sich bei der Befragung nicht um einen Test handelt und es daher auch keine richtigen oder falschen Antworten gibt, sondern es darauf ankommt, was das Gegenüber zu sagen hat. Eine gute Atmosphäre während des Interviews nimmt den zu befragenden Personen die Aufregung und gibt ihnen Sicherheit (vgl. Buchner 2008, S. 517; Hagen 2002, S. 196; Moisl 2017, S. 322; Wilkens 2019, S. 341).

Auch die Wahl des Durchführungsortes und die Anwesenheit weiterer Personen ist nicht unrelevant: Das Interview sollte an einem bekannten Ort durchgeführt werden, der „ruhig und störungsfrei“ sein sollte, „um mögliche Ablenkungen und Unterbrechungen zu vermeiden.“ (Wilkens 2019, S. 341). Zudem muss abgewogen werden, ob die Anwesenheit einer Begleitperson notwendig ist oder sich negativ auf das Antwortverhalten der Proband*innen auswirken könnte (vgl. Hagen 2002, S. 296f.; Moisl 2017, S. 322; Wilkens 2019, S. 339). Neben der notwendigen Sensibilität, Spontaneität, Geduld und Flexibilität sollte die interviewende Person respektvoll, achtsam und auf Augenhöhe mit dem Gegenüber kommunizieren. Dazu gehören das Beachten und Aufgreifen nonverbaler Signale ebenso wie das gezielte Nachfragen und Erklären unbekannter Wörter sowie die Verwendung einer für das Gegenüber verständlichen, einfachen und nachvollziehbaren Sprache. Insgesamt sollte genügend Zeit zum Verarbeiten und Beantworten der Fragen eingeräumt, Pausen angeboten und die Länge des Interviews an die Konzentration der zu interviewenden Person angepasst werden. Auch die Fragen und das Vorgehen insgesamt sollten immer wieder reflektiert und ggf. adaptiert werden, um keine Antworten vorzugeben und die Befragung nicht in eine bestimmte Richtung zu lenken (vgl. Buchner 2008, S. 521ff.; Niediek 2016, o. S.; Wilkens 2019, S. 341f.).

Methodisch eingesetzt werden können verschiedene Arten der Visualisierung bspw. durch Piktogramme oder einen Ablaufplan der Befragung (vgl. Moisl 2017, S. 322). Auch aktives Zuhören, eine abwartende oder fragende Haltung durch den gezielten Einsatz von Mimik, Gestik oder Körpersprache wirken motivierend und machen deutlich, dass man an den Antworten interessiert ist und mehr erfahren möchte (vgl. Niediek 2016, o. S.).

Neben all diesen Faktoren tragen jedoch vor allem die Fragen, die während eines Interviews gestellt werden, zum Erfolg dessen bei. Dabei eignen sich manche Arten besser als andere, um bei der Befragung von Menschen mit geistiger Behinderung verwertbare Antworten zu erhalten.

Einflussfaktoren von den Fragen ausgehend

In der Befragung lassen sich offene und geschlossene Fragen unterscheiden. Geschlossene Fragen bieten den Vorteil, dass sie leicht zu beantworten sind und die Beantwortung weniger Zeit in Anspruch nimmt, da die Antworten meist bereits vorgegeben werden. Dies stellt jedoch auch einen großen Nachteil geschlossener Fragen dar, da dadurch nur wenige neue Aspekte außerhalb des vorgegebenen Rahmens erfasst werden können (vgl. Dworschak 2004, S. 27). Trotzdem bieten sie für Menschen mit geistiger Behinderung viele Vorteile und vor allem Ja-/Nein-Fragen, aber auch andere dichotome Fragetypen mit zwei Antwortmöglichkeiten werden besonders häufig beantwortet (vgl. Dworschak 2004, S. 27; Niediek 2016, o. S.). Dabei sind Fragestellungen mit „entweder … oder“ vor allem „für Fragen nach Tätigkeiten oder die sächlich/materielle Umwelt geeignet.“ (Niediek 2016, o. S.).

Fragen mit mehr Auswahlmöglichkeiten, die eine Differenzierung der Antwort erfordern wie bspw. Antwortskalen (sehr gut/ gut/ okay/ schlecht/ sehr schlecht) oder Multiple-Choice-Fragen sind komplexer und können daher seltener gut verarbeitet und eingeordnet werden, was die Gefahr von Antwortverzerrungen in Form von sozial erwünschten Antworten oder Zustimmungstendenzen wiederum erhöht (vgl. Moisl 2017, S. 322; Niediek 2016, o. S.).

Neben den geschlossenen Frageformaten bieten offene Fragestellungen den Vorteil, dass neue Aspekte aus der Perspektive der Befragten erfasst werden können, an die im Vorfeld nicht gedacht wurde (vgl. Dworschak 2004, S. 27).

Jedoch sind diese für Menschen mit geistiger Behinderung „schwierig zu beantworten, weil die Person selbst den Horizont möglicher Antworten bestimmen und dann eine eigene Formulierung finden muss." (Niediek 2016, o. S.). Aber auch hier lassen sich Unterschiede bzgl. der diversen Frageformate finden, weshalb nicht gänzlich auf offene Fragestellungen verzichtet werden muss: Vor allem konkrete und faktenbezogene Fragen, oder solche, die die direkte Lebenswelt, den Alltag oder die eigene Zufriedenheit betreffen, können häufig beantwortet werden (vgl. Dworschak 2004, S. 27; Hagen 2002, S. 294; Wilkens 2019, S. 340), da sie „auf das Handeln und Erleben in konkreten Situationen abzielen" (Niediek 2016, o. S.). Dahingegen bereiten abstrakte Fragen (bspw. zu Zukunftsvorstellungen oder Einschätzungen) größere Probleme, denn sie „erfordern eine Reflexion und innere Distanz vom eigenen Erleben." (ebd.).

Es zeigt sich also, dass je nach Intention eine Mischung von offenen und geschlossenen Fragen Anwendung finden kann. Insgesamt sollte auf kurze und einfache Formulierungen geachtet werden, die die befragten Personen nicht überfordern.

4.3 Methodisches Vorgehen

In diesem Kapitel wird das methodische Vorgehen dargestellt. Es reicht von den Vorüberlegungen und der Planung der Erhebung (vgl. Kap. 4.3.1) über die Materialauswahl (vgl. Kap. 4.3.2) und die Darlegung des Erhebungsinstrumentes (vgl. Kap. 4.3.3) hin zur Auswahl der Proband*innen (vgl. Kap. 4.3.4), dem Pretest (vgl. Kap. 4.3.5), der Durchführung (vgl. Kap. 4.3.6) und schließlich der Auswertung der Ergebnisse (vgl. Kap. 4.3.7).

4.3.1 Methodische Vorüberlegungen und Planung der Erhebung

Den Kern der empirischen Erhebung bilden ein Text in Leichter Sprache und ein dazugehöriges Erhebungsinstrument, mittels dessen die Verständlichkeit von gendergerechten Formulierungen im Text überprüft und von den Proband*innen zudem subjektiv bewertet werden sollen. Diesem Instrument, welches in Kap. 4.3.3 ausführlich vorgestellt wird, gehen eine Reihe an methodischen Überlegungen voraus:

Am Anfang stand die Frage nach geeigneten Proband*innen: Sollten Personen ohne Behinderung befragt werden, die täglich mit der Leichten Sprache und mit Menschen mit geistiger Behinderung als Nutzer*innen dieser zu tun haben? Oder sollten letztere lieber selbst in die Untersuchung einbezogen werden, auch wenn ein solches Vorgehen mit einer höheren methodischen Komplexität und mehr Aufwand verbunden wäre? Schnell wurde klar, dass im Sinne der UN-BRK und der damit verbundenen Forderungen nach Partizipation und Gleichberechtigung („Nichts über uns ohne uns!", vgl. Arnade 2015, S. 93), der direkte Einbezug der Zielgruppe unabdingbar war.

Zudem wurde sich für ein qualitatives Vorgehen entschieden, denn obwohl dieses mit einer aufwendigeren Durchführung verbunden ist, kann für die Zielgruppe der Leichten Sprache davon ausgegangen werden, „dass qualitative Verfahren die größtmögliche Adaptivität und somit Adressatenangemessenheit bieten" (Bock; Fix; Lange 2017, S. 21).

Daraufhin folgte eine erste Literatursichtung, bei der auf einen Onlineartikel gestoßen wurde, welchem entnommen werden konnte, dass das Netzwerk Leichte Sprache e. V. lt. Vorstand Thorsten Lotze „gerade eine großangelegte Umfrage unter Menschen mit Lernschwierigkeiten [plane]", um zu erfahren, wie Menschen mit geistiger Behinderung das Gendern beurteilten (Romir 2021, o. S.). Aus diesem Grund wurde im April 2022 Kontakt zu Thorsten Lotze und Stefanie Koehler (Sprecherin der Arbeitsgruppe Forschung) des Netzwerk Leichte Sprache e. V. aufgenommen. Das Ziel dabei war es, sich bzgl. der angewandten Methodik und ggf. erster Ergebnisse der Netzwerk-Erhebung auszutauschen und so mehr Klarheit über die eigenen Möglichkeiten und Vorgehensweisen zu erhalten. Aus der Anfrage per E-Mail ergab sich schließlich noch im selben Monat ein Zoom-Termin mit Koehler (den dafür erstellten Leitfaden siehe im Anhang Nr. 1). Folgende Aspekte sind aus diesem Termin in die Konzeption des Erhebungsinstrumentes eingeflossen[37]:

37 Auf eine Transkription des Gesprächs wurde verzichtet, da es lediglich für die Planung der methodischen Erhebung verwendet wurde und keine Meinungen/Inhalte einflossen, für die Belege in Form von Zitaten notwendig gewesen wären.

Die Netzwerk-Erhebung pausiert aktuell, da die Projektgruppe aus verschiedenen Gründen z. Z. nicht arbeitsfähig ist; stattdessen nahm Koehler Bezug auf eine von ihr im Jahr 2021 durchgeführte und vom BFIT-Bund veröffentlichte Erhebung zur Barrierefreiheit unterschiedlicher Genderzeichen (vgl. Kap. 3) und erläuterte einige für die vorliegende Arbeit relevante methodische Aspekte: Das Konzept des Genderns wurde den Proband*innen bspw. im Vorfeld der Erhebung nicht erklärt, um authentische Aussagen zu erhalten. Zudem handele es sich beim Gendern um ein gesellschaftlich relevantes Thema, weshalb es nach Einschätzung Koehlers auch in der Zielgruppe der Leichten Sprache bekannt sei.

Sie führte des Weiteren einige Aspekte an, die ihrer Meinung nach in der Erhebung dieser Arbeit berücksichtigt werden sollten. Es konnten leider nicht alle davon aufgenommen werden – bspw. war ein Vergleich der Einstellung von Personen mit und ohne gesetzliche Betreuung nicht möglich, da in den angefragten Einrichtungen lediglich Personen betreut werden, die unter gesetzlicher Betreuung stehen (zum Feldzugang und der Auswahl der Proband*innen vgl. Kap. 4.3.4). Aufgenommen wurden hingegen diverse Fragen zu Verwendungspräferenzen des Genderns in unterschiedlichen Textsorten (vgl. Anhang 6: Leitfaden zur Erhebung; Teil 2.V.).

Durch dieses Vorgespräch stellte sich die Frage, inwiefern eine reine Befragung ausreichend ist, um verwertbare Antworten zu erhalten, zumal bei einer Befragung von Menschen mit geistiger Behinderung die Problematik der sozialen Erwünschtheit eine wichtige Rolle spielt (vgl. Kap. 4.2).

Es wurde daher überlegt, welche Möglichkeiten zur Verfügung stehen, um zu überprüfen, ob ein Text verstanden wurde und daraufhin – basierend auf Methoden der Verständlichkeitsforschung – ein teils schriftlich teils mündlich zu beantwortender Fragebogen zum Text entworfen. Auch wurde entschieden, dass eine Befragung in Form eines leitfadengestützten, teilstandardisierten Interviews ebenfalls als Teil des Erhebungsinstrumentes aufgenommen werden sollte, um neben den objektiven Ergebnissen durch den Fragebogen auch subjektive Eindrücke und Bewertungen der Befragten aufzunehmen und beide Aspekte miteinander zu kombinieren.

Zu Beginn der Planungen wurde bereits beschlossen, dass der Asterisk in der Erhebung näher betrachtet werden sollte. Er wurde ausgewählt, weil von diesem eine stärkere und auffälligere Wirkung auf die Lesenden ausgeht, als dies bspw. bei Umformulierungen oder Neutralisierungen der Fall wäre. Zudem fallen Genderzeichen durch den Glottisschlag auch in der gesprochenen Sprache auf. Im Anschluss an das Gespräch mit Koehler wurde darüber nachgedacht, neben dem Stern auch den Doppelpunkt hinsichtlich seiner Wirkung zu überprüfen. Diese Idee musste jedoch aufgrund der zu geringen Anzahl an Teilnehmenden verworfen werden.

4.3.2 Materialauswahl

Die Auswahl eines geeigneten Textes als Grundlage für die Erhebung stellte im Vorfeld einen erheblichen Aufwand dar. Allein das Auffinden von Texten in Leichter Sprache gestaltete sich schwierig – zwar konnten einige digitale Texte wie auch Printerzeugnisse in *Einfacher* Sprache zusammengetragen werden; viele (frei zugängliche) Veröffentlichungen in *Leichter* Sprache gibt es hingegen nicht.[38] Bei der Auswahl wurden zudem unterschiedliche Aspekte beachtet: Zum einen sollte eine Angabe (oder bestenfalls ein Siegel) enthalten sein, durch welches ersichtlich wurde, dass nicht nur eine Übersetzung gemäß der LS-Regeln, sondern auch eine Zielgruppenprüfung (vgl. Kap. 2.4.2) stattgefunden hat. Zum anderen musste der Text genügend Personenbezeichnungen enthalten, die gendergerecht umformuliert werden konnten, da nur so die Wirkung des Genderns auf die Zielgruppe untersucht werden konnte.

Diese Tatsache führte wiederum zu der Frage nach einer angemessenen Länge, da der Text auf der einen Seite genügend Personenbezeichnungen enthalten sollte, die Leser*innen auf der anderen Seite jedoch nicht wegen eines zu langen Textes abgeschreckt, überfordert oder demotiviert werden sollten.

Letztendlich wurde eine adaptierte Textversion erstellt, deren Grundlage die Broschüre „Was ist eigentlich Inklusion?“ von Aktion Mensch (2018) bildete und für die die relevanten Textteile und dazugehörigen Bilder aus dem Originaltext zu einem neuen Text zusammengefügt wurden. Die ausgewählten Teile behandeln zunächst das Thema Inklusion aus einer allgemein beschrei-

38 Dies ist vermutlich darauf zurückzuführen, dass Texte in Einfacher Sprache von allen Menschen verfasst werden können und dafür nicht die Kenntnis bestimmter Regeln notwendig ist (vgl. Kap. 2).

benden Perspektive (vgl. Aktion Mensch 2018, S. 4f.) und beziehen dieses auf den nachfolgenden Seiten auf die Bereiche Arbeit (vgl. ebd., S. 8f.), Freizeit (vgl. ebd., S. 14f.) sowie Wohnen (vgl. ebd., S. 16f.). Es wurde davon ausgegangen, dass alle Personen einen Bezug zu diesen Themen haben, da sie in verschiedenen Werkstätten für behinderte Menschen (WfbM) angestellt sind, in unterschiedlichen Wohneinrichtungen mit anderen Menschen zusammenleben und darüber hinaus anzunehmen ist, dass alle auch in ihrer Freizeit diversen Aktivitäten und Beschäftigungen nachgehen. Diese Zusammenstellung ergab final einen vier Seiten umfassenden Text, von dem zusätzlich eine gendergerechte Version (bei allen Personenbezeichnungen und Artikeln wurde der Asterisk als Genderzeichen eingefügt) erstellt wurde (nicht-gegenderte Textversion siehe im Anhang Nr. 2; gegenderte Version siehe im Anhang Nr. 4).

Im Vergleich zum Originaltext wurden einige wenige Änderungen vorgenommen, auf die an dieser Stelle kurz Bezug genommen werden soll: Zunächst wurden die Reihenfolge von zwei Kapiteln im Vergleich zum Originaltext vertauscht – das Kapitel Wohnen wurde vorgezogen, da es mehr Personenbezeichnungen enthält als das Kapitel Freizeit. Da die Lesekompetenz der Teilnehmer*innen im Vorfeld nicht bekannt war und davon ausgegangen werden konnte, dass vor allem bei ungeübten Leser*innen die Konzentration im Verlauf nachlassen würde, sollte durch dieses Vorgehen erzielt werden, dass möglichst viele der gendergerechten Formulierungen früh im Verlauf der Erhebung gelesen wurden.

Des Weiteren wurde – um die Anzahl der gegenderten Worte zu erhöhen – auf Seite drei in der Textadaption (S. 16 im Originaltext), das Wort ‚Menschen' durch ‚Bewohner', bzw. ‚Bewohner*innen' ersetzt. Da die Untersuchung in Wohnheimen durchgeführt wurde, wo der Ausdruck ‚Bewohner' zum täglichen Sprachgebrauch gehört, konnte angenommen werden, dass es den Befragten bekannt ist und kein Hindernis für diese darstellen würde.

Ansonsten wurden keine weiteren Änderungen am Text vorgenommen, um möglichst nah am Ausgangstext zu bleiben, welcher nach der Übersetzung von der Zielgruppe auf seine Verständlichkeit geprüft wurde. Zu viele Änderungen hätten eine erneute Prüfung zur Folge gehabt, da nicht mehr davon hätte ausgegangen werden können, dass es sich nach wie vor um Leichte Sprache handelte. Eine Zusammenarbeit mit einer Prüfgruppe war aus Kostengründen im Rahmen dieser Arbeit nicht möglich.

4.3.3 Das dreiteilige Erhebungsinstrument

Im Vorfeld der Durchführung wurde ein dreiteiliges Erhebungsinstrument (siehe Anhang Nr. 6) erstellt, bei dessen Konzeption die in Kap. 4.2 vorgestellten Besonderheiten bei der Befragung v. a. in Bezug auf geeignete Frageformen berücksichtigt wurden. Auch wurden für die diversen Teile unterschiedliche Methoden zur Erfassung und Überprüfung des Textverständnisses sowie Methoden der qualitativen Interviewführung einbezogen. Es wurde darauf geachtet, alle Aspekte bestmöglich und im Sinne der Bedarfe der befragten Personen miteinander zu kombinieren.

Teil 1: Überprüfung des Textverständnisses

Im Erhebungsinstrument wird durch den ersten Teil das Textverständnis der Proband*innen überprüft. Dafür können nach Christmann (2009) Methoden zur Erhebung textnaher und textferner Verstehensprodukte unterschieden werden. Erstere überprüfen in Anlehnung an den Text, ob dessen Inhalt und Sinn verstanden wurden (vgl. Teil 1a), während durch zweitere in Teil 1b untersucht werden kann, inwiefern die Informationen und das Wissen aus einem Text – losgelöst von dessen Textoberfläche – verinnerlicht und umgesetzt wurden (vgl. Christmann 2009, S. 187; 192). Diese allgemeine Überprüfung soll später Rückschlüsse darauf ermöglichen, ob die Verständnisschwierigkeiten durch die gendergerechten Formulierungen bedingt wurden oder von der inhaltlichen Komplexität des Textes ausgehen. Bei der Erstellung des Fragebogens (Teil 1a, bestehend aus Aufgabe 1 und 2), der direkt nach dem Lesen des Textes schriftlich bearbeitet werden sollte, wurde darauf geachtet, dass sich sowohl die Formulierungen und so weit wie möglich auch das Layout an den Regeln der Leichten Sprache orientieren. Auch für den mündlich durchgeführten Teil 1b wurde auf einfache und verständliche Formulierungen für ein eindeutiges Verständnis der Fragen geachtet.

Teil 1a: Erhebung textnaher Verstehensprodukte

Aufgabe 1 wurde gemäß des von Christmann (2009) beschriebenen Verifikationsverfahrens erstellt. Dafür wurde eine Tabelle (vgl. Anhang Nr. 3 (nicht-gegendert) und Nr. 5 (gegendert)) mit insgesamt vier Aussagen angefertigt, wobei in einer jeweils eigenen Spalte angekreuzt werden musste, ob die Aussage in Bezug auf den zuvor gelesenen Text richtig oder falsch ist. Es wurde darauf geachtet, dass ein Großteil der Fragen um Textstellen gebildet wurde, die Personenbezeichnungen oder andere Formulierungen, die gegendert werden konnten, enthalten, um eventuelle Unterschiede im Antwortverhalten auf das Gendern zurückführen zu können. Daneben wurde versucht, die Antwortmöglichkeiten durch den Einsatz von Piktogrammen zu verdeutlichen (Daumen nach oben auf grünem Hintergrund = richtig/ja/Zustimmung; Daumen nach unten auf rotem Hintergrund = falsch/nein/Ablehnung).

Insgesamt bietet das Verifikationsverfahren die Möglichkeit zu bestimmen, „in welchem Ausmaß ein Text verstanden wurde und welche Inferenzen gebildet worden sind." (Christmann 2009, S. 192). Deshalb wurden für die Überprüfung bewusst Aussagen zu Textstellen ausgesucht, die zwar auch durch Überlegen beantwortet werden könnten; diese wurden jedoch so formuliert, dass die intuitive, geratene Antwort nicht mit der eigentlich zutreffenden Antwort übereinstimmte. Dadurch wurde sogleich ersichtlich, welche der Proband*innen tatsächlich auf Grundlage der Textvorlage antworteten und welche aufgrund ihrer Überlegungen.[39] Als weitere positive Aspekte der Methode können die objektive Auswertbarkeit (Antworten können nur entweder richtig oder falsch sein und es bietet sich kein Raum für Interpretationen) genannt werden, aber auch das geringe Risiko einer Beeinflussung oder Lenkung durch paraverbale Reize (bspw. Stimmlage oder Betonungen) der Interviewerin, da die Proband*innen die Aufgaben selbst lesen und die möglichen Antworten bereits vorgegeben sind. In Kap. 4.2 wurde außerdem dargestellt, dass Ja-/Nein-Fragen, bzw. andere dichotome Frageformate besonders häufig

39 Vgl. bspw. Aufgabe 1, Nr. 2: „Arbeit-Geber*innen stellen gerne Menschen mit Behinderung ein." Diese Aussage irritiert zunächst, da man sich die Frage stellen könnte, wieso Arbeitgeber*innen nicht gerne Menschen mit Behinderung einstellen wollen. Dem Text kann jedoch entnommen werden, dass und wieso diese Aussage falsch ist (vgl. Vorlagentext im Anhang Nr. 4, S. 2).

von Menschen mit geistiger Behinderung beantwortet werden können (vgl. Niediek 2016, o. S.), weshalb die Methode des Verifikationsverfahrens als gut einsetzbar erscheint.

Für die zweite Aufgabe des Teils 1a wurden zwei Multiple-Choice-Fragen konstruiert (vgl. Anhang Nr. 3 (nicht-gegendert) und Nr. 5 (gegendert)), bei denen von jeweils vier möglichen Antworten die drei richtigen angekreuzt werden sollten. Zur visuellen Unterstützung wurden die aus Aufgabe 1 bereits bekannten Piktogramme eingesetzt. Kap. 4.2 kann entnommen werden, dass Multiple-Choice-Fragen aufgrund der verschiedenen Antwortmöglichkeiten komplexer sind als die für Aufgabe 1 verwendeten Ja-/Nein-Fragen. Daher werden sie von der Zielgruppe schlechter verarbeitet und können weniger leicht beantwortet werden, was wiederum zu Antwortverzerrungen in Form von sozial erwünschten Antworten oder Zustimmungstendenzen führen kann. Zudem wird von manchen Autor*innen die Tendenz zur Auswahl der letztgenannten Antwortmöglichkeit und die daraus entstehende Antwortinkonsistenz angeführt (vgl. Schäfers 2008, S. 163). Angemerkt werden muss zudem, dass allein durch richtige Antworten nicht nur ein gutes Leseverständnis abgebildet werden kann, sondern daneben auch weitere Faktoren berücksichtigt werden müssen, z. B. verbale Intelligenz, die Fähigkeit, Schlussfolgerungen zu ziehen oder auch Allgemein- und Hintergrundwissen (vgl. Christmann 2009, S. 190f.).

Nichtsdestotrotz bietet die Methode neben diesen problematischen Faktoren auch einige Vorteile für die zu befragenden Personen wie auch für die Auswertung: Multiple-Choice-Fragen sind eine Form der geschlossenen Fragen, bei denen die möglichen Antworten bereits vorgegeben werden, wodurch die Proband*innen sich weder selbst eine geeignete Antwort überlegen noch diese formulieren müssen. Auch das Ankreuzen ist niedrigschwelliger, einfacher und weniger zeitintensiv als bspw. das Aufschreiben einer Antwort, was sich im Vergleich sogar positiv auf die Motivation auswirken könnte. Darüber hinaus erhalten auch Personen, die nur langsam schreiben oder damit insgesamt Schwierigkeiten haben, durch das Ankreuzen die Möglichkeit, den Fragebogen selbstständig auszufüllen. Letztendlich ermöglicht die Methode nicht nur eine schnelle und objektive, sondern im Vergleich zu den Ja-/Nein-Fragen der ersten Aufgabe, auch eine differenziertere Auswertung: Durch die umfangreicheren Multiple-Choice-Fragen können die textnahen Verstehensprodukte auf einer weiteren Ebene ausgewertet werden, denn es wurde eine Variante erstellt, bei der nicht nur eine, sondern drei richtige von insgesamt vier Antwortmöglichkeiten ausgewählt werden müssen. Daraus folgt, dass die Antwort nicht einfach richtig oder falsch ist, sondern ein besserer Eindruck davon gewonnen werden kann, was die betreffende Person tatsächlich verstanden hat. Durch die Kombination der beiden Methoden aus Aufgabe 1 und 2 soll sichergestellt werden, dass das Textverständnis auf unterschiedlichen Ebenen und dadurch möglichst detailliert erfasst wird und so in der Auswertung Rückschlüsse auf die Verständlichkeit in Bezug auf gendergerechte Formulierungen gezogen werden können (vgl. Kap. 4.3.7).

Teil 1b: Erhebung textferner Verstehensprodukte

Während mit den beiden Aufgaben des Teils 1a mittels geschlossener Frageformate textnahe Verstehensprodukte erhoben werden sollen, geht es im anschließenden mündlichen Teil 1b um die Erfassung textferner Verstehensprodukte mittels offener Frageformulierungen, welche entweder wissens- oder verständnisorientiert sein können. Zu letzteren gehören bspw. Fragen zu Erklärungsansätzen, Bewertungen, Problemlösestrategien oder Anwendungsmöglichkeiten, wobei sich insbesondere Fragen anbieten, bei denen Inferenzen, also Schlussfolgerungen gezogen werden müssen. Vorrangig „Warum"-Fragen zur Ermittlung von Ursachen oder „Wie"-Fragen zu diversen Handlungen bieten sich dafür an (vgl. Christmann 2009, S. 192f.).

Der Zweck dieser Aufgabe besteht darin, das Textverständnis der Proband*innen losgelöst von der Textoberfläche zu ermitteln und später die evtl. vorhandenen Unterschiede zwischen den beiden Gruppen zu vergleichen und diese Unterschiede ggf. auf die gendergerechten Formulierungen zurückführen zu können. Da der Text sich mit unterschiedlichen Aspekten des Inklusionsbegriffs befasst, orientierten sich auch die Inferenzfragen an dieser Thematik. Im Erhebungsinstrument wurde zunächst eine offene Erklärungsfrage[40] gestellt, die dann – insofern sie von den Gesprächspart-ner*innen auch nur teilweise

40 „Haben Sie verstanden bzw. Können Sie erklären, was mit Inklusion gemeint ist?".

beantwortet werden konnte – mit verschiedenen W-Fragen ergänzt wurde[41]. Um den Befragten zusätzlich Raum für eigene Ergänzungen oder ihnen wichtig erscheinende Aspekte zu geben, besteht abschließend die Möglichkeit, eigene Anmerkungen einfließen zu lassen, bzw. zu reflektieren, was man aus dem Text Neues gelernt hat und sich merken möchte.

Aus Kap. 4.2 geht hervor, dass offene Fragen von Menschen mit geistiger Behinderung schwerer beantwortet werden können als geschlossene, wobei abstrakte Fragen zu Einschätzungen, wie sie in der vorliegenden Erhebung gestellt wurden, noch komplexer seien als faktenbezogene Fragen, die die direkte Lebenswelt der Proband*innen betreffen. Dennoch bieten offene Fragen den Vorteil, dass die Teilnehmenden nicht in eine – wenn auch unterbewusst – von der Autorin vorgegebene Richtung gelenkt werden, und daher auch insgesamt das Mittel der Wahl innerhalb der qualitativen Forschung sind. Neben den unterschiedlichen Verweisen auf die allgemeine Problematik der Verwendung offener Fragestellungen bei Menschen mit geistiger Behinderung, sind die Erfahrungen mit offenen Befragungen in der Zielgruppe vielfältig und uneindeutig und es lassen sich daraus weder fundierte Aussagen, für noch gegen die Durchführung ableiten (vgl. Schäfers 2008, S. 160f.). Daher werden offene Fragen in dieser Erhebung eingesetzt und ihre Anwendung schließlich im Kap. 5.4.2 diskutiert.

Den Schwierigkeiten der offenen Befragung soll durch eine mündliche statt einer schriftlichen Bearbeitung begegnet werden: Dies bietet sich zum einen aufgrund der zeitlichen Ersparnis im Vergleich zur schriftlichen Beantwortung der Fragen an; zum anderen ist dieses Vorgehen auch mit weniger Barrieren verbunden (v. a. für Personen, denen das Schreiben schwerfällt) und es kann so vermieden werden, dass die Antworten der Teilnehmenden aufgrund der mangelnden Motivation einer schriftlichen Beantwortung nur knapp und unvollständig ausfallen. Bei möglichen Verständnisschwierigkeiten kann hingegen von der Autorin unterstützend eingegriffen werden, aber auch das Nachfragen bei Unklarheiten gestaltet sich für die Proband*innen niedrigschwelliger, wodurch umfangreichere und eindeutigere Antworten gewonnen werden können

41 „Warum ist es gut, dass alle Menschen verschieden sind?", „Wie kann Inklusion verwirklicht werden?" „Was ändert sich in Ihrem Alltag, wenn Inklusion verwirklicht wurde?".

als dies bei einer schriftlichen Beantwortung der Fall wäre. Durch evtl. gestellte Nachfragen kann in manchen Fällen zusätzlich besser eingeschätzt werden, was bzw. wie viel tatsächlich verstanden wurde. Da zudem auch für Teil 2 die Methodik der mündlichen Befragung gewählt wurde, können beide Teile gut miteinander kombiniert werden.

Teil 2: Befragung zu gendergerechten Formulierungen in der Leichten Sprache

Im zweiten Teil der Empirie sollen mittels einer Befragung die subjektiven Beurteilungen der Zielgruppe zur Verwendung gendergerechter Formulierungen in Texten der Leichten Sprache erhoben werden. Dafür wurde sich (vor allem in Bezug auf die Leitfadengestaltung) an den Methoden des problemzentrierten Interviews nach Witzel (2000) und der Befragung von Expert*innen nach Bogner, Littig und Menz (2014) orientiert.

Problemzentriert ist die Befragung deshalb, weil ihr eine bestimmte Problemstellung zugrunde liegt, die anfangs eingeführt und auf die auch im Verlauf immer wieder Bezug genommen wird (vgl. Mayring 2016, S. 67). Daneben werden die Proband*innen im problemzentrierten Interview als Expert*innen „ihrer Orientierungen und Handlungen" begriffen (vgl. Witzle 2000, S. 6) und daher befragt, um neben der objektiven Ermittlung des Textverstehens (Teil 1) sog. Deutungswissen erheben zu können. Dieses beinhaltet subjektive Sichtweisen, Interpretationen oder Erklärungen und stellt die Grundlage für die Gewinnung neuer Informationen und die Entwicklung neuer Theorien dar, was wiederum als die Hauptfunktion der Befragung angesehen werden kann (vgl. Bogner; Littig; Menz 2014, S. 17f.; 2).

Bei der gewählten Methodik handelt es sich insgesamt um eine Form der teilstandardisierten, qualitativen Befragung (vgl. Hopf 1995, S. 177), für die im Vorfeld ein Leitfaden erstellt wurde, der im Verlauf als Orientierungs- und Erinnerungshilfe für die interviewende Person dient und ihr dabei hilft, das zu untersuchende Feld durch das Einteilen von Kategorien zu strukturieren (vgl. Bogner; Littig; Menz 2014, 27f.). Daneben ermöglicht der Leitfaden eine teilweise Standardisierung, durch welche die geführten Interviews besser miteinander verglichen werden können (vgl. Mayring 2016, S. 70). Da von der

Reihenfolge der Fragen im Leitfaden abgewichen und während der Befragung „strukturierend und nachfragend" eingegriffen werden kann, kommt die Situation der eines Gesprächs sehr nahe (Mey; Mruck 2010, S. 425). Offene Fragen schaffen dabei Erzählanreize, wodurch die befragte Person möglichst frei erzählen und dabei eigene Schwerpunkte auswählen und Akzente setzen kann (vgl. Hopf 1995, S. 177; vgl. Krell; Lamnek 2016, S. 345; vgl. Mayring 2016, 67).

Der Leitfaden wurde in fünf Teile unterteilt: *I. Allgemeines* enthält Einstiegsfragen, die „keine inhaltliche Funktion haben, sondern [...] der Stabilisierung der Gesprächssituation dienen" (Bogner; Littig; Menz 2014, 60). Sie dürften von den Proband*innen problemlos beantwortet werden können, da sie sich auf den zuvor gelesenen Text beziehen und so die Verbindung zu den ersten Teilen der Erhebung aufrechterhalten.[42] Durch dieses Vorgehen können praktischerweise auch die individuellen Einschätzungen der Proband*innen zum eigenen Textverstehen erfasst werden. Im zweiten Teil (*II. Erklärung des Vorgehens*) werden der Hintergrund der Befragung sowie das Forschungsvorhaben erneut detailliert erklärt und in die Problemstellung eingeführt, bevor im Teil *III. Gendern allgemein* Sondierungsfragen zur Bedeutung und Wichtigkeit von gendergerechten Formulierungen gestellt werden, anhand derer herausgefunden werden soll, ob und wenn ja, welchen Stellenwert die Thematik für die einzelnen Proband*innen besitzt (vgl. Mayring 2016, S. 70).

Dabei muss angemerkt werden, dass im zweiten, spätestens zu Beginn des dritten Teils auch der Kontrollgruppe zum Vergleich gendergerechte Formulierungen aus dem Text der Untersuchungsgruppe gezeigt werden. Es sollen so auch deren Bewertung aufgenommen und evtl. Unterschiede zur Untersuchungsgruppe erfasst werden. Daneben bildet der vierte Teil (*IV. Gendern individuell*) mit seinen sog. Leitfadenfragen den Kern der Erhebung, da hier die Erfahrungen, individuelle Beurteilungen und Erwartungen der Zielgruppe an gendergerechte Formulierungen in Texten der Leichten Sprache abgefragt werden. Bei Bedarf werden spontan ergänzende Ad-hoc-Fragen formuliert; diese wurden im Vorfeld nicht im Leitfaden erfasst, sondern ergeben sich während der Erhebungssituation und können in Form von Nachfragen der Erhal-

42 Es wird abgefragt, ob noch offene Fragen bestehen, bzw. ob der Text gefallen hat oder ob etwas schwierig war.

tung des Gesprächsflusses dienen oder für eine detailliertere Erfassung der Fragestellung hilfreich sein (vgl. ebd.). Der abschließende Teil *V. Abschluss & Klärung offener Fragen* kennzeichnet das Ende des Interviews, indem die Gesprächspartner*innen ein letztes Mal die Möglichkeit erhalten, offene Fragen zu stellen, noch fehlende Aspekte zu ergänzen oder aber das Gespräch zu beenden.

4.3.4 Zugang zum Feld und Auswahl der Proband*innen

Um Proband*innen für die Teilnahme an der Erhebung zu gewinnen (= Sampling; vgl. Bogner; Littig; Menz 2014, S. 34), wurden fünf Wohneinrichtungen in Augsburg per E-Mail angeschrieben und das Vorhaben erläutert. Das Anschreiben enthielt Informationen zur Autorin, zum Hintergrund und groben Ablauf der Studie sowie Hinweise zur Voraussetzung der Teilnahme, dem Durchführungsort und der Dauer der Befragung. Auch auf die Tonbandaufzeichnung sowie die dafür benötigte Einverständniserklärung der Bewohner*innen und deren gesetzl. Betreuung wurde bereits an dieser Stelle hingewiesen. Zwei der fünf Einrichtungen waren der Autorin persönlich bekannt, zu drei Einrichtungen bestand im Vorfeld kein Kontakt.

Insgesamt erfolgte die Auswahl der Befragten im Hinblick auf deren Lesekompetenz und das Interesse an der Teilnahme. Die verantwortlichen Personen innerhalb der Einrichtungen (i. d. R. Leitungen oder Fachdienste) trafen eine Vorauswahl, indem überlegt wurde, welche Personen in der Lage sind, selbstständig oder mit nur geringer Unterstützung einen Text zu lesen – dies war die einzige Voraussetzung, die von Seiten der Autorin gestellt wurde. Daraufhin wurden die ausgewählten Personen gefragt, ob ein Interesse an der Teilnahme bestand. Bejahten die Bewohner*innen dies, wurde durch die Einrichtung das Einverständnis der gesetzlichen Betreuungen eingeholt (das erstellte Informationsschreiben mitsamt Einverständniserklärung siehe im Anhang Nr. 7). Da alle befragten Personen aufgrund ihres Hilfebedarfs unter gesetzlicher Betreuung stehen, war dieser Schritt ebenso notwendig wie die Zustimmung der Teilnehmenden selbst.

Nach einer mit den verantwortlichen Personen individuell vereinbarten Frist (i. d. R. zwei bis drei Wochen innerhalb derer die Bewohner*innen ausgewählt wurden), wurde eine Zusammenstellung der Proband*innen erstellt und je nach Anzahl mehrere Erhebungstermine vereinbart. Mit den Einrichtungen, mit denen bereits im Vorfeld Kontakt bestand, wurden direkt an zwei bis drei Nachmittagen Termine ausgemacht; in den unbekannten Einrichtungen wurde die Möglichkeit zu einem ca. einstündigen Kennenlerntreffen bei Kaffee und Kuchen in der für die Bewohner*innen vertrauten Atmosphäre der jew. Einrichtungen gegeben. Das Treffen erlaubte ein gegenseitiges Kennenlernen, die Aufnahme von Erwartungen und Wünschen der Teilnehmenden sowie die Berücksichtigung evtl. bestehender Hemmungen, indem das Vorhaben und der Ablauf detailliert geschildert und so die Erhebungssituation für alle Beteiligten angenehmer gestaltet werden konnte. Zudem konnten die Proband*innen ihre Fragen, Vorbehalte und Bedenken äußern, um diese gemeinsam zu klären.

Von den fünf angefragten Einrichtungen meldete sich eine gar nicht zurück. Ein anderes Wohnheim machte zunächst eine Zusage, woraufhin zwei Erhebungstermine vereinbart wurden; an einem Kennenlerntreffen bestand kein Interesse. Eine Erhebung kam jedoch aufgrund von Krankheit der Leitung sowie der schwachen Personalsituation nicht zustande und ein Nachholtermin wurde seitens der Einrichtung nicht angeboten. Leider konnte kein Ersatz gefunden werden, weshalb die Erhebung in nur drei statt der fünf geplanten Einrichtungen durchgeführt wurde.

4.3.5 Pretest

Zur Überprüfung der Funktionalität und Praxistauglichkeit des Erhebungsinstrumentes wird in der Regel ein sog. Pretest durchgeführt. Dabei handelt es sich um eine Art Probedurchlauf der Erhebung, welcher nicht in die Auswertung einfließt, sondern dazu dient, das Design, die Fragen oder den zeitlichen Rahmen hinsichtlich ihrer Angemessenheit zu reflektieren (vgl. Bogner; Littig; Menz 2014, S. 34).

Da ohnehin weniger Proband*innen für die Erhebung gewonnen werden konnten als anfangs geplant, wurde kein Pretest im klassischen Sinn durchgeführt. Stattdessen wurden Kolleg*innen aus verschiedenen verwandten Professionen um ihre Mithilfe gebeten. Viele von ihnen (aus der Sozialen Arbeit, den Sozialwissenschaften oder der Sonderpädagogik) arbeiten täglich mit Menschen mit geistiger Behinderung; andere (aus dem Lehramt wie ebenfalls aus der Sonderpädagogik) testen durch ihre Arbeit regelmäßig das Textverstehen ihrer Schüler*innen und fragen Wissen ab. Sie wurden gebeten, sich das Erhebungsinstrument anzusehen und aus der Sichtweise ihrer jew. Profession zu beurteilen, ob es geeignet sei. Die aus den Rückmeldungen gewonnenen Erkenntnisse wurden anschließend in das Erhebungsinstrument eingearbeitet.

Zudem wurden während der Erhebungsphase immer wieder stilistische Kleinigkeiten angepasst, die bei einer größeren Zahl der Proband*innen zu Missverständnissen geführt hatten: Bspw. wurde im Fragebogen zunächst die Höflichkeitsform verwendet; da sich im Vorfeld der Erhebung jedoch mit allen Teilnehmenden auf das gegenseitige Du geeinigt wurde, führte der Fragebogen in der „Sie-Form" bei einigen zu Unsicherheiten, was im Verlauf zu einer Abänderung führte. Auch wurde das Zeichen „X" im Arbeitsauftrag („Kreuzen (X) Sie an"), welches als Visualisierungshilfe zur besseren Verständlichkeit gedacht war, schließlich entfernt, weil dadurch von einigen nicht verstanden wurde, was überhaupt zu tun sei.

Abschließend soll angemerkt werden, dass die Diversität der Zielgruppe mit den unterschiedlichen Beeinträchtigungen und Fähigkeiten die einheitliche Anpassung des Erhebungsinstrumentes auf die Bedürfnisse der Teilnehmenden zusätzlich erschwerte. Es ist nicht auszuschließen, dass Abänderungen, die für eine Person sinnvoll und hilfreich erscheinen, nicht wiederum das Verständnis für andere Proband*innen erschweren.

4.3.6 Durchführung der Erhebung

Die Erhebung wurde im Zeitraum von Mai bis Juli 2022 mit insgesamt 14 Proband*innen in den jew. Wohnheimen durchgeführt. Im Vorfeld der Termine wurden die beiden Texte (gegendert/nicht-gegendert) und die dazugehörigen Fragebögen ausgedruckt (einseitig, wegen der besseren Übersichtlichkeit und Handhabung für die Proband*innen) und mit farbigen Punkten markiert – die gegenderten Varianten bekamen einen orangenen Punkt, die nicht-gegenderten Versionen einen lilafarbenen. Für ein randomisiertes Vorgehen im Sinne einer „Zuweisung von Probanden zu Experimental[43]- und Kontrollgruppe nach einem Zufallsverfahren" (Eifler; Leitgöb 2019, S. 209) wurde ein Beutel mit der jeweils gleichen Anzahl an orangenen und lilafarbenen Spielsteinen

43 Im Folgenden wird der Begriff Experimentalgruppe durch Untersuchungsgruppe ersetzt.

vorbereitet. Zu Beginn der Befragung wurden die Teilnehmenden gebeten, aus dem Beutel einen Spielstein zu ziehen, der dann über die Zuteilung zur Untersuchungsgruppe (orange = gegenderter Text + Fragebogen) oder zur Kontrollgruppe (lila = nicht-gegenderter Text + Fragebogen) entschied. Mit dieser zufälligen Zuteilung sollte sichergestellt werden, dass beiden Gruppen jeweils Personen mit unterschiedlichen kognitiven Fähigkeiten zugeteilt wurden, um dadurch vergleichbare Ergebnisse zu erhalten. Durch das eigenständige Ziehen der Proband*innen sollte ein höheres Maß an Beteiligung und Transparenz gewährleistet werden, da sie so selbst in der Hand hatten, welchen Text sie bearbeiten mussten. Auch die Fragebögen unterschieden sich hinsichtlich ihrer gegenderten und nicht-gegenderten Formulierungen, weshalb auch beim Austeilen dieser darauf geachtet werden musste, den Bogen mit der richtigen farblichen Markierung zu verwenden. Zudem wurde während der Ausgabe des Fragebogens erneut Bezug auf den farbigen Punkt genommen und zur besseren Nachvollziehbarkeit für die Proband*innen erklärt, wieso der Fragebogen aus der entsprechenden Mappe und nicht aus einer anderen entnommen wurde.

Je teilnehmender Person wurde ein Zeitraum von 45 Minuten für die gesamte Erhebung veranschlagt, da die benötigte Zeit stark mit der Lesekompetenz zusammenhängt: Je langsamer eine Person liest, desto länger dauerte die Befragung insgesamt, da nicht nur der Text, sondern auch der Fragebogen gelesen werden musste. Es wurde bereits im Vorfeld davon ausgegangen, dass geübte Leser*innen weniger Zeit benötigen würden. Durch den großzügigen Zeitraum sollte lediglich sichergestellt werden, dass alle Termine ohne Zeitdruck stattfinden konnten. Bis auf wenige Ausnahmen, die allein für das Lesen des Textes über 45 Minuten brauchten, reichte die eingeplante Zeit aus.

Zu Beginn wurde erneut der Grund für die Erhebung und offene Fragen geklärt. Im Anschluss zogen die Proband*innen wie soeben geschildert, einen der farbigen Spielsteine. Bevor sie mit dem Lesen der Texte begannen, wurde die Notwendigkeit der Audioaufzeichnung dargelegt und versichert, dass die erhobenen Daten lediglich für die Verschriftlichungen der Interviews zu Auswertungszwecken verwendet werden. Das Einverständnis wurde in allen Fällen mündlich erteilt.

Im Vorfeld wurde zudem überlegt, ob es angebracht sei, die Teilnehmenden, den Text laut vorzulesen zu lassen, da dies für ungeübte und unsichere Leser*innen mit Scham besetzt sein könnte. Dennoch wurde sich aufgrund verschiedener Aspekte dafür entschieden: Zum einen wurden Verständnisschwierigkeiten (die unabhängig von den gendergerechten Formulierungen auftraten) direkt bemerkt und diese konnten durch Nachfragen und/oder Erklärungen beseitigt werden. Zum anderen konnte so sichergestellt werden, dass der Text tatsächlich gelesen wurde und die Personen nicht nur das Blatt anschauten. Dementsprechend konnte auch herausgefunden werden, ob die Proband*innen in der Lage waren, den gesamten Text zu lesen oder ob die Durchführung abgebrochen werden musste, um sie nicht zu überfordern.

Aufgrund der Vorteile wurden die Proband*innen im Vorfeld gefragt, ob sie mit dem lauten Vorlesen einverstanden wären, da andernfalls die Möglichkeit gewährt worden wäre, leise zu lesen. Jedoch wurde dies von niemandem gewünscht.

4.3.7 Auswertungsverfahren

Ursprünglich wurden insgesamt 25 Personen gefunden, die an der Erhebung teilnehmen wollten – sieben Bewohner*innen der Einrichtung 1, ebenfalls sieben aus Einrichtung 2, sechs Personen aus Einrichtung 3 sowie fünf aus Einrichtung 4. Da die Untersuchung in der vierten Einrichtung nicht stattfinden konnte, verringerte sich die Gesamtanzahl auf 20 statt 25 Teilnehmende. Doch auch nicht alle in den anderen Einrichtungen geplanten bzw. durchgeführten Befragungen konnten in die Auswertung einfließen. Die Gründe dafür waren vielfältig: Mangelnde Lesefähigkeit (lediglich einzelne Buchstaben/kurze Wörter konnten gelesen werden, aber keine ganzen Sätze), kurzfristig kein Interesse mehr an einer Teilnahme, zu komplexer/ zu langer/ zu abstrakter Text, abschweifende Gedanken, nachlassende Konzentration, mangelnde Motivation oder das fehlende Einverständnis der gesetzlichen Betreuung. Insgesamt verteilten sich die gültigen Erhebungen wie folgt auf die Einrichtungen: In Einrichtung 1 nahmen sechs von sieben Personen teil, wobei alle sechs Erhebungen in die Auswertung einfließen konnten. In Einrichtung 2 nahmen zwar sieben von sieben Bewohner*innen teil, jedoch konnten davon nur fünf Erhebungen in der Auswertung berücksichtigt werden. In Einrichtung drei nahm ebenfalls eine Person nicht teil und nur drei der fünf Befragungen konnten ausgewertet werden. Insgesamt beläuft sich die Anzahl der Proband*innen auf 14 Personen.

Für die Auswertung sind die drei Teile des Erhebungsinstruments jeweils separat zu beachten:

Auswertung der textnahen Verstehensprodukte (Teil 1a)

Zunächst wurde ein Auswertungsraster erstellt (siehe Anhang Nr. 8), in das die Ergebnisse der Aufgaben 1 und 2 eingetragen werden konnten, um abschließend die Gesamtanzahl und den Prozentsatz der richtigen Antworten (Maximalpunktzahl A1 + A2 = 10 = 100%) zu bestimmen. Im Raster wurden zunächst alle Antworten der Kontrollgruppe (nicht-gegenderter Text) und anschließend die Antworten der Untersuchungsgruppe (gegenderter Text) dargestellt, um die beiden Gruppen hinsichtlich der Antworten übersichtlicher vergleichen zu können.

Bei der ersten Aufgabe sollte entschieden werden, ob die präsentierten Aussagen jeweils richtig oder falsch sind, und das Ergebnis sollte in der entsprechenden Spalte angekreuzt werden (Verifikationsverfahren, vgl. Kap. 4.3.3). Für tatsächlich richtige Antworten wurde der Wert 1 vergeben; für tatsächlich falsche Antworten der Wert 0. Die maximal zu erreichende Punktzahl der ersten Aufgabe beläuft sich entsprechend der Anzahl an Aussagen auf vier. Im Anschluss daran wurde der Prozentwert der richtigen Antworten berechnet (4 richtige Antworten = 100%).

Bei der zweiten Aufgabe wurden zu einer Aussage ebenfalls jew. vier Auswahlmöglichkeiten präsentiert, von denen allerdings in beiden Fällen nur drei richtig waren, diese sollten herausgefunden und angekreuzt werden (Multiple-Choice-Verfahren, vgl. Kap. 4.3.3). Da die Antwortmöglichkeiten bei dieser Aufgabe vielfältiger sind als bei Aufgabe 1, wurde neben den Werten 1 für eine richtige Antwort und 0 für eine falsche Antwort der Wert 2 für eine nicht angekreuzte Antwort (egal, ob diese richtig oder falsch gewesen wäre) vergeben. Es wurden ebenfalls alle richtigen Antworten pro Multiple-Choice-Aufgabe zusammengezählt und der entsprechende Prozentwert berechnet (3 richtige Antworten + 1 nicht angekreuzte Option = 100%). Es wurden dann zunächst die Gesamtzahl/der Prozentsatz der richtigen Antworten für den gesamten Teil

1a je Proband*in ermittelt, um abschließend die Werte für alle Teilnehmenden der Untersuchungs- und der Kontrollgruppe bestimmen und in ein Verhältnis setzen zu können. Die Ergebnisse beider Aufgaben des Teils 1a werden nachfolgend in Kap. 5.1 dieser Arbeit dargestellt.

Auswertung der textfernen Verstehensprodukte (Teil 1b)

Um die textfernen Verstehensprodukte zu erheben und dadurch zu überprüfen, ob der Textinhalt verstanden wurde, wurden mündlich offene Fragen gestellt, mit denen der Inhalt des Textes in Form von Inferenzen wiedergegeben werden sollte (vgl. Kap. 4.3.3). Um die Antworten auswerten zu können, war es zunächst erforderlich, das Gesprochene aufzuzeichnen. Der Beginn der Aufzeichnungen variierte, je nachdem ob die Teilnehmenden der Untersuchungs- oder der Kontrollgruppe angehörten, da bei ersterer die Aufnahme von Beginn an lief (nähere Ausführungen siehe unten bei der Auswertung der Befragung in Teil 2), während sie bei zweiterer erst unmittelbar vor der Erhebung des Teils 1b gestartet wurde.

Nach der Durchführung wurden die Audiodateien mit dem Programm f4-Analyse transkribiert. Dafür wurde die Methode der erweiterten inhaltlich-semantischen Transkription nach Dresing und Pehl (2018) angewendet, um neben dem Inhalt auch Aspekte wie „Zögern, Wortfindungshemmungen und gleichzeitige Rede" zu erfassen (Dresing; Pehl 2018, S. 23).

Im Anschluss daran wurde für die Auswertung der Transkripte eine Tabelle erstellt (siehe Anhang Nr. 9, Tabelle 1), die die verschiedenen Fragen, die tatsächlich in mindestens einer der Befragungen gestellt wurden[44], jeweils in einer eigenen Spalte erfasste:

- Frage 1 (= F1): „Haben Sie verstanden, was mit Inklusion gemeint ist?"
- Unterfrage 2 (= Uf2): „Wie kann Inklusion verwirklicht werden?"
- Unterfrage 3 (=Uf3): „Was ändert sich im Alltag, wenn I verwirklicht wurde?"

44 Da Unterfrage 1 („Warum ist es gut, dass alle Menschen verschieden sind?") in keiner der Befragungen gestellt wurde, fand sie in der Auswertung keine Berücksichtigung.

Die Antworten der Teilnehmenden wurden in den entsprechenden Spalten in Form von direkten Zitaten (in wenigen Fällen, in denen nicht eine einzige Aussage die gesamte Antwort abbildete, in Form von Paraphrasen) erfasst oder es wurde vermerkt, wenn die Frage nicht beantwortet werden konnte oder gar nicht gestellt wurde.

Darüber hinaus wurden die Antworten auf Frage 2 („Was nehmen Sie mit aus dem Text?"), die sich schwerpunktmäßig nicht auf den Inhalt bezieht, sondern eher versucht, allgemeine Erzählanreize zu schaffen und dadurch ggf. weitere Ergänzungen zur erste Frage zu gewinnen, in einer eigenen Spalte gesammelt. Nur in einem Fall wurde eine Antwort gegeben, die zur Auswertung hinzugezogen werden konnte (vgl. I3). Da sich Antworten auf offene Fragestellungen nicht einfach in richtig und falsch einteilen lassen, sondern vielmehr das Spektrum der Antwort beachtet werden muss, wurden zunächst alle Aspekte des Inklusionsbegriffs, die im Vorlagentext genannt wurden, aufgelistet:

1. Alle Menschen können überall dabei sein (vgl. S. 1).
2. Alle Menschen dürfen überall mitmachen (vgl. S. 1).
3. Keine*r wird ausgeschlossen (vgl. S. 1).
4. Es gibt keine Hindernisse mehr (z. B. Treppen, schwere Sprache, falsche Annahmen in den Köpfen, vgl. S. 1f.).
5. Es ist gut, dass alle Menschen verschieden sind (vgl. S. 2).
6. Inklusion betrifft verschiedene Lebensbereiche:
   → Arbeit (Anstellung auf dem Ersten Arbeitsmarkt, gleiche Bezahlung, vgl. S. 2).
   → Wohnen (eigene Entscheidung, wo und mit wem man wohnen möchte, vgl. S. 3).
   → Freizeit (Abbau von Hindernissen und Schaffung von Angeboten, bei denen alle mitmachen können, um sich kennenzulernen, dazuzugehören und Vorurteile abzubauen, vgl. S. 4).

In einem nächsten Schritt wurde überprüft, wie viele Antworten der Proband*innen mit den im Text genannten Aspekten übereinstimmten. Dafür wurde ein Auswertungsraster erstellt (vgl. Anhang Nr. 9, Tabelle 3), in welchem die einzelnen Aspekte jeweils aufgelistet wurden. Für jedes der geführten Interviews wurde angekreuzt, welcher der Aspekte in den verschiedenen Fragen (F1, Uf2, Uf3) genannt wurde; danach wurde durch Zusammenzählen der Kreuze eine Gesamtsumme ermittelt (ein Punkt pro Kreuz). Diese steht vereinfacht für den Grad des Textverständnisses und wurde in einem Auswertungsschema (vgl. Anhang Nr. 9, Tabelle 2) festgehalten: Je mehr der insgesamt sechs im Text genannten Aspekte angekreuzt wurden, desto eher kann darauf geschlossen werden, dass der Inhalt des gelesenen Textes verstanden wurde. Konkret bedeutet dies: Bei 4–6 genannten Aspekten wird davon ausgegangen, dass der Text verstanden wurde, bei 2–3 genannten Aspekten ist eine teilweise Vorstellung des Inklusionskonzepts vorhanden, wohingegen bei nur einem genannten Aspekt angenommen werden muss, dass nur bedingt ein Bezug einzelner Aspekte zum Gesamtkonzept hergestellt werden kann. Bei 0 genannten Aspekten wird darauf geschlossen, dass der Inhalt nicht erfasst wurde. Auf die genaue Verteilung der Antworten wird in Kapitel 5.2 eingegangen.

Auswertung der Befragung zu gendergerechten Formulierungen in der LS (Teil 2)

Wie bereits bei den Antworten in Teil 1b wurden auch die Aussagen des Teils 2 mittels der Regeln der erweiterten inhaltlich-semantischen Transkription verschriftlicht. Obwohl die Aufzeichnung der Untersuchungsgruppe, die den gegenderten Text bearbeitete, bereits ab dem Vorlesen begonnen wurde, wurde darauf verzichtet, die gesamte Aufnahme zu transkribieren. Stattdessen wurde lediglich die Aussprache der gegenderten Personenbezeichnungen während des Vorlesens schriftlich erfasst, woraus Rückschlüsse auf die Verständlichkeit der Formulierungen gezogen werden konnten (vgl. dazu Kap. 5.3). Auf eine Unterbrechung der Aufnahme zwischen dem Vorlesen und dem Teil 1b wurde verzichtet, um dadurch nicht für Unruhe und Ablenkung zu sorgen.

Für die Auswertung der Befragung wurde die Methode der strukturierenden qualitativen Inhaltsanalyse nach Mayring (2015; 2016) gewählt, wofür zunächst ein Kategoriensystem als „zentrale[s] Instrument der Analyse“ erstellt wurde (Mayring 2015, S. 51). Die Kategorienbildung erfolgte deduktiv-induktiv (vgl. Kuckartz 2018, S. 95), indem zunächst deduktiv Kategorien in Anlehnung an den Leitfaden formuliert (vgl. ebd., S. 64ff.) und anschließend weitere induktive Kategorien am Material gebildet wurden (Mayring 2016, S. 115). Im Anschluss wurde jede Kategorie mittels einer Definition beschrieben und von anderen Kategorien abgegrenzt (vgl. ebd., S. 118); diese Definitionen wurden im Kategoriensystem (vgl. Anhang Nr. 10) in einer eigenen Spalte erfasst. Zudem wurde eine Spalte für jedes Interview, also insgesamt 14 weitere Spalten erstellt, in denen konkrete Textstellen als sog. Ankerbeispiele für jede Kategorie erfasst werden konnten (vgl. Mayring 2016, S. 118). Da die Kategorien bereits gut voneinander abgegrenzt werden konnten, wurde auf die Formulierung sog. Kodierregeln (vgl. ebd. S. 119) verzichtet.

Nach der erfolgreichen Auswertung der Daten, werden nun im Folgenden die wichtigsten Ergebnisse dargestellt.

5 Verständlichkeit trotz Diversität: Ergebnisdarstellung und -diskussion

Die Darstellung der Ergebnisse erfolgt gemäß der Reihenfolge des Erhebungsinstrumentes. Demnach werden zunächst die Teile 1a (vgl. Kap. 5.1) und 1b (vgl. Kap. 5.2) vorgestellt, bevor abschließend die wichtigsten Erkenntnisse der Befragung aus Teil 2 dargelegt werden (vgl. Kap. 5.3). Im Anschluss daran erfolgen die Diskussion und Einordnung der Ergebnisse bzgl. ihres Inhaltes (vgl. Kap. 5.4.1) und im Hinblick auf die verwendete empirische Methodik (vgl. Kap. 5.4.2).

5.1 Gendergerechte Sprache macht keinen Unterschied (Ergebnisse Teil 1a)

Wie in Kap. 4.3.7 beschrieben, wurde für den Teil 1a aus der Anzahl an richtigen Antworten der einzelnen Proband*innen jeweils für beide Gruppen ein durchschnittlicher Gesamtwert berechnet (vgl. Anhang Nr. 8, Spalte O). Von 70 möglichen Punkten erzielte die Untersuchungsgruppe mit dem gegenderten Text insgesamt 52 und die Kontrollgruppe 51 Punkte, woraus sich ein Anteil von 74,3% bzw. 72,9% ergibt (vgl. Abb. 1.1). Der Mittelwert beider Gruppen liegt gerundet bei durchschnittlich sieben richtigen Antworten (vgl. Abb. 1.2).

An dieser Stelle wird klar, dass im Hinblick auf den Gesamtwert keine Unterschiede zwischen Kontroll- und Untersuchungsgruppe bestehen. Anhand der erhobenen Werte lassen sich falsche Antworten der Untersuchungsgruppe *nicht* auf Missverständnisse oder Unverständnis durch gendergerechte Formulierungen zurückführen.

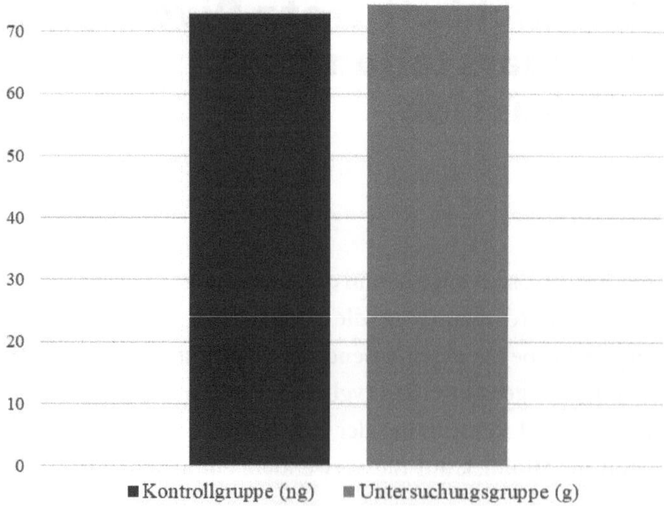

Abbildung 1.1: Anteile der richtigen Antworten in Prozent. Quelle: Eigene Darstellung der durchgeführten empirischen Untersuchung.

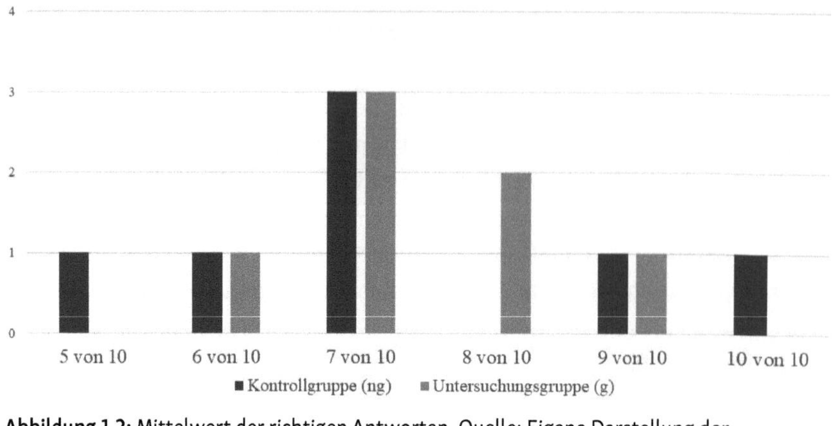

Abbildung 1.2: Mittelwert der richtigen Antworten. Quelle: Eigene Darstellung der durchgeführten empirischen Untersuchung.

5.2 Textverständnis vor Genderverständnis (Ergebnisse Teil 1b)

Anhand unterschiedlicher Fragen rund um den im Vorlagentext dargestellten Inklusionsbegriff wurde in Teil 1b das Textverstehen der Proband*innen überprüft. Dabei zeigte sich, dass keine der befragten Personen mehr als die Hälfte der sechs im Text genannten Aspekte wiedergeben konnte (vgl. Anhang Nr. 9, Tabelle 3). Immerhin erinnerten sich vier Teilnehmende an zwei bis drei der aufgeführten Aspekte, wobei nicht davon ausgegangen werden kann, dass der Text insgesamt verstanden wurde. Vielmehr wird angenommen, dass lediglich eine grobe Vorstellung des Inklusionskonzepts vorhanden ist. Von den übrigen zehn Proband*innen wurde der Inhalt des Textes zu großen Teilen nicht, bzw. überhaupt nicht verstanden. Zwei Personen konnten auf jeweils einen Aspekt Bezug nehmen, während die übrigen acht die inhaltlichen Fragen gar nicht beantworten konnten.

Da der Text von über zwei Dritteln der Befragten nicht verstanden wurde, kann auch für den Teil 1b darauf geschlossen werden, dass nicht die gendergerechten Formulierungen für das Nicht-Verstehen des gesamten Textes verantwortlich sind, zumal das Textverstehen in beiden Gruppen etwa ähnlich ausgeprägt ist (vgl. Abb. 2).

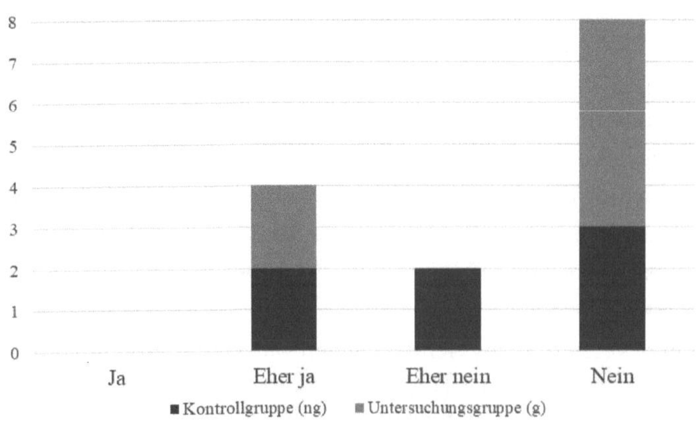

Abbildung 2: Ausprägung des Textverständnisses (vorhanden/nicht vorhanden) der Kontroll- und Untersuchungsgruppe. Quelle: Eigene Darstellung der durchgeführten empirischen Untersuchung.

5.3 „Gendern? […] da bin ich überfragt!“[45] (Ergebnisse Teil 2)

Die Auswertung der Befragung erfolgte in Form eines Kategoriensystems (vgl. Anhang 10). Die einzelnen Variablen werden nachfolgend unter den Überschriften der drei Kategorien dargestellt.

Wahrnehmung und Bewertung von gendergerechten Formulierungen

Mit den Fragen dieser Kategorie galt es herauszufinden, welche Kenntnisse die Gesprächspartner*innen bereits über gendergerechte Formulierungen haben, welche Bedeutung sie diesen zuschreiben und wie sie diese bewerten. Es zeigte sich, dass keine der befragten Personen um das Konzept des Genderns und dessen Bedeutung wusste. Auch gaben nur zwei der 14 Proband*innen an, bereits einen Text gelesen zu haben, in dem der Asterisk als Genderzeichen eingesetzt wurde. So erzählte einer der beiden, dass er das Zeichen „in der Zeitung […] mal gesehen [habe]“ (I1, Z. 120ff.), während der andere erklärte, sich nicht mehr erinnern zu können, wo es ihm begegnet sei (vgl. I12, Z. 98). Eine weitere Probandin merkte zudem an, dass sie in der von ihr konsumierten Literatur noch nie auf den Genderstern gestoßen wäre: „Im tiptoi-Buch habe ich keine gesehen.“ (I2.2, Z. 236).

Verwunderlich ist an dieser Stelle, dass – obwohl das Zeichen unter den befragten Personen so unbekannt war – niemand während des Lesens oder im Verlauf des Gesprächs von sich aus Bezug darauf genommen hat. Lediglich bei zwei Befragungen wurde in Folge von Nachfragen festgestellt, dass „da […] was nicht [stimme]“, nämlich: „Diese Punkte“, womit der Stern gemeint war (I14, Z. 118ff.) oder dass „aber schon seltsame Sachen […] ein paar Mal“ aufgefallen seien (I2.2, Z. 175f.).

Die Funktion des Asterisks als Genderzeichen war vielen Proband*innen nicht bekannt (vgl. I3, I5, I8, I9, I10, I11, I12) und wurde von anderen wiederum vielfältig interpretiert: Ein Teilnehmer erklärte sich dessen Funktion darin,

45 I4, Z. 115.

„dass es auch eine Frau als Arbeitgeber gibt“ (I1, Z. 103), während ein anderer damit „Treppen für alle“ statt „nur Treppen für Rollstuhlfahrer“ assoziierte (I7, Z. 153). Eine weitere Person erkannte in ihm eine Lücke, was jedoch nicht weiter präzisiert wurde (vgl. I2.2, Z. 114) und wiederum ein anderer Proband erklärte „das Sternchen ist dazu da, […] das [männlich und weiblich (Anm. d. Verf.)] zu trennen.“ (I4, Z. 150). Im Gegensatz dazu interpretierten zwei Befragte den Asterisk als „Zusammensetzung! […] Von einem ganzen Wort.“ (I14, Z. 154ff.), was bedeutet: „die [Wortstamm und Endung (Anm. d. Verf.)] gehören eigentlich zusammen.“ (I13, Z. 184). Zuletzt gab es eine Teilnehmerin, die den Asterisk nicht als Genderzeichen deutete; vielmehr schien er ihr als Ergänzungszeichen geläufig zu sein: „Und da muss […] zu ergänzen immer, wenn man dazwischen ist. […] das heißt immer diese Lücke […], wenn jemand […] gelesen hat, dann muss er immer nachholen […] beim Lesen.“ (I6, Z. 73f.; 118f.).

Neben der Funktion des Asterisks im Speziellen, war auch die allgemeine Bedeutung gendergerechter Formulierungen nicht immer klar. So wurde in nur drei Fällen der Zusammenhang zum Geschlecht erkannt, bspw. indem angemerkt wurde, dass „auch Frauen das entscheiden dürfen.“ (I1, Z. 190). Dabei kam es jedoch auch dazu, dass die Gewichtung umgedreht wurde und plötzlich das männliche Geschlecht im Vordergrund stand: „gendern ist wichtig, weil […] es gibt ja nicht nur Arbeitgeberinnen, sondern auch Arbeitgeber. […] Daher […] sind beide gemeint.“ (I4, Z. 179f.). Zudem dienten gendergerechte Formulierungen auch der Unterscheidung von Mann und Frau, was wichtig sei, wenn es bspw. um Vorbilder oder Zukunftsvorstellungen gehe, denn: „Das sieht eine Frau anders als ein Mann.“ (I9, Z. 254ff.).

Auch an Antworten wie den nachfolgenden wurde ersichtlich, dass die Bedeutung des Genderns und des Asterisks in den meisten Fällen nicht nur nicht bekannt war, sondern diese auch trotz der kurzen Erläuterungen während der Befragung nicht verstanden wurde: Beispielsweise wurde behauptet, das Gendern sei wichtig, denn „Sonst gäbe es keine Freunde […] die sich helfen.“ (I13, Z. 242ff.) oder gendergerechte Formulierungen stellten „eine praktische Hilfe […] für die Rollstuhlfahrer“ dar (I7, Z. 230ff.). Auch positive Antworten, die die Wichtigkeit der gendergerechten Formulierungen unterstrichen, letztlich jedoch unbegründet blieben, gehen in dieselbe Richtung (vgl. I6, Z.

287; I 14, Z. 256ff.). In den allermeisten Fällen waren die Befragten nicht in der Lage zuzugeben, wenn sie keine Antworten auf die Fragen nach dem Gendern und dem Genderstern wussten. Es konnte zudem festgestellt werden, dass einige Proband*innen sich im Verlauf immer wieder auf das Wort bezogen, anhand dessen ihnen das Konzept der gendergerechten Sprache erklärt wurde. So brachte ein Teilnehmer den Genderstern mehrfach mit seiner Partnerin in Verbindung: „Zusammen, Hochzeit, Kirche, ja. Mit dem Sternchen, da." (I10, Z. 345).

In der Frage nach der subjektiven Bewertung zeigte sich erneut, dass der Großteil der Proband*innen das Konzept des Genderns nicht verstand, denn die wenigen positiven Bewertungen konnten nicht (vgl. I3, Z. 139) oder nicht nachvollziehbar begründet (vgl. I4, Z. 207) oder gar nicht erst eindeutig formuliert werden (I12, Z. 181ff.). Nur eine Person zeigte sich in der Lage, die Gedanken hinter seiner Bewertung zu erläutern. Er empfand das Gendern als positiv, „Weil [...] da auch weibliche Geschlechter [...] was zu entscheiden haben." (I1, Z. 145f.). Einige Teilnehmende gaben an dieser Stelle zu, keine Meinung zur Verwendung des Gendersterns zu haben oder dass ihnen die Verwendung egal sei (vgl. I5, Z. 260; I11, Z. 112; I12, Z. 181ff.). An anderer Stelle wurde das Gendern als „so lustig" bezeichnet (vgl. I2, Z. 174). Dass die gendergerechten Formulierungen als störend empfunden werden, äußerte lediglich eine Probandin (vgl. I6, Z. 329).

Verwendungspräferenzen gendergerechter Formulierungen

Es sollte des Weiteren ermittelt werden, ob und wenn ja in welchen Textsorten, sich die Gesprächspartner*innen gendergerechte Formulierungen wünschen. Dabei ließ sich feststellen, dass ein solcher Wunsch bei insgesamt neun der 14 Proband*innen nicht vorhanden ist. Derartige Formulierungen spielten für sie „keine Rolle" (I11, Z. 173) oder seien „eigentlich egal" (I3, Z. 154 und vgl. ebenfalls I2.2, Z. 207 u. Z. 238ff.; I5, Z. 266ff.; I6, Z. 324; I7, Z. 259; I8, Z. 220ff.; I14, Z. 278). Ein Proband sagte außerdem, dass es für ihn reiche, „wenn die Männer angesprochen werden." (I12, Z. 196). Neben zwei Befragten, die dazu keine Angabe machten (vgl. I10 und I13), sprachen sich drei Probanden für die Verwendung von gendergerechten Formulierungen aus: „Damit es besser zusammen passt“ (I1, Z. 173ff.) sollte sowohl im gesprochenen Wort wie auch im geschriebenen Text gegendert werden, wobei das Genderzeichen „mitten im Satz“ am sinnvollsten wäre (I4, Z. 219ff). Außerdem seien gendergerechte Ausdrücke notwendig, um zu unterscheiden, wann von Männern und wann von Frauen die Rede ist (vgl. I9, Z. 293). Hier muss erneut angemerkt werden, dass die Probanden – wie auch bereits im obigen Abschnitt – nicht in der Lage waren, ihre Aussagen zu begründen. Deshalb liegt auch hier die Annahme nahe, dass die Antworten gegeben wurden, ohne dass eine fundierte Meinung dahinter stand.

Schwierigkeiten gendergerechter Formulierungen

Abschließend sollten Schwierigkeiten ermittelt werden, vor die die Teilnehmenden durch Formulierungen mit dem Asterisk gestellt werden. Es konnten zunächst Beobachtungen zur Aussprache gemacht werden, von denen aus wiederum Rückschlüsse auf das bei den Proband*innen zugrungeliegende Geschlechterkonzept gezogen werden konnten.

Aus der Befragung geht hervor, dass die meisten Teilnehmenden erwartungsgemäß eine binäre Vorstellung von Geschlecht haben (vgl. I1, II2, I4, I6, I9, I10, I12, I13). Diese äußert sich in vielen Fällen auch bei der Aussprache der unbekannten Asteriskform, die statt mit dem Glottisschlag mittels Beidnennung (z. B. Rollstuhlfahrer und Rollstuhlfahrerinnen) verbalisiert wurde (vgl. I1, Z. 92; I4, Z. 141; I7, Z. 130; I9, Z. 199; I13, Z. 6f.). Die Mehrzahl der Befragten sprach die gendergerechten Personenbezeichnungen allerdings mit der weiblichen Form aus, d. h. ohne Glottisschlag, dafür häufig mit betontem bzw. doppeltem „R“, wie z. B. in Rollstuhlfahrer-rin (vgl. I 1, Z. 9; I2.1, Z. 9f.; I3, Z. 6, 8f., 38, 56ff., 60ff.; I4, Z. 167; I5, Z. 18ff.; I6, Z. 101; Z. 106; Z. 110; I8, Z. 30f.; I9, Z. 43; I10, Z. 6f.; I13, Z. 9ff., 13f., 17f., 23f.; I14, Z. 135.). Dabei schien jedoch niemand aus den beiden Gruppen beim Lesen lediglich an Frauen gedacht zu haben. Ähnlich verhält es sich bei den männlichen Geschlechterassoziationen, auch wenn deutlich seltener nur die maskuline Form (z. B. Partner) gelesen wurde (vgl. I2.1, Z. 42ff., 64ff.; I3, Z. 53; I5, Z. 6, 43.; I6, Z. 89; I 8, Z. 18ff.; I9, Z. 74; I11, Z. 89; I12, Z. 103). Auch der Glottisschlag war beim Vorlesen teilweise zu hören (vgl. I2.1, Z. 54; I5, Z. 63f.; I8, Z. 9ff, 61f.; I10, Z. 25; I13, Z.

56f., 59f., 62f.; I14, Z. 139, 144). Ob dieser jedoch beabsichtigt oder rein zufällig eingefügt wurde, kann nicht beantwortet werden. Insgesamt äußerte, wie oben dargestellt, lediglich ein Befragter, dass es sich bei der Asteriskform um etwas für alle Menschen handele (in diesem Fall „Treppen für alle" (vgl. I7, Z. 153)), während mit der maskulinen Form lediglich Männer angesprochen werden (vgl. „Treppen für Rollstuhlfahrer" (ebd.)). Wer jedoch mit „alle" gemeint ist und ob der Aussage eine diverse Geschlechtervorstellung zugrunde liegt, darüber kann an dieser Stelle nur spekuliert werden.

Als sehr gewichtiges und eines der zentralen Ergebnisse kann dargestellt werden, dass die Formulierungen mittels Asterisks in einigen Fällen zu inhaltlichen Verständnisschwierigkeiten geführt haben, nämlich, weil die Endung „*innen" mit den Adverbien „innen" bzw. „drinnen" verwechselt wurde. Die betreffenden Proband*innen gingen in vier Fällen davon aus, dass sich die Personen, von denen im Text die Rede war, in einem Raum (vgl. I2.1, Z. 87), in der Wohnung (vgl. I9, Z. 111ff.) oder in Heimen (vgl. I12, Z. 119ff) befanden oder diese „innen sitzen" müssen (I14, Z. 188). Daneben muss auch angemerkt werden, dass die Teilnehmer*innen in den meisten Fällen nicht beurteilen konnten, ob Texte durch gendergerechte Formulierungen schwieriger werden. Während drei Proband*innen (davon einer, der zuvor **innen* und *innen* verwechselt hatte) dies nicht befürchteten (vgl. I8, Z. 258; I9, Z. 335; I13, Z. 270), äußerten lediglich zwei Personen, denen die Verwechslung zuvor ebenfalls passiert war, dass ein Text durch den Asterisk komplexer werden könnte (vgl. I12, Z. 221; I14, Z. 28ff.).

5.4 Diskussion der Ergebnisse

In diesem Abschnitt sollen die soeben dargestellten Ergebnisse der Erhebung bzgl. der Forschungsfrage diskutiert und in einen Zusammenhang mit dem theoretischen Teil der Arbeit gebracht werden. Dafür werden zunächst die inhaltlichen Ergebnisse betrachtet (vgl. Kap. 5.4.1), bevor im Anschluss daran eine Diskussion dieser im Hinblick auf die verwendete Methodik erfolgt (Kap. 5.4.2).

5.4.1 Diskussion der inhaltlichen Ergebnisse

Wie Bedijs (2021) ausführlich darlegt, ist das Gendern nicht nur in der Standardsprache, sondern aufgrund der Forderung nach einer größtmöglichen Verständlichkeit (vgl. Maaß 2015) gerade auch in der Leichten Sprache von Bedeutung, da dadurch ersichtlicher wird, dass nicht nur männliche Personen adressiert werden. Zudem zielt neben der Leichten Sprache als Form der barrierefreien Kommunikation (vgl. Kap. 2.4) auch die gendergerechte Sprache auf die Inklusion und (sprachliche) Teilhabe aller Menschen ab. Dabei geht diese jedoch oftmals mit einer Steigerung der sprachlichen Komplexität einher, während durch LS versucht wird, diese zu reduzieren.

Auf den ersten Blick können den Ergebnissen der beiden Aufgaben des Teils 1a Ähnlichkeiten zur Untersuchung von Braun et al. aus dem Jahr 2007 entnommen werden. Diese konnten nachweisen, dass geschlechtergerechte Texte ähnlich gut verarbeitet werden können wie Texte im generischen Maskulinum (vgl. Kap. 1.3). Auch in der vorliegenden Arbeit zeigt sich eine gleiche Ausprägung des Textverständnisses bei Kontroll- und Untersuchungsgruppe (vgl. Kap. 5.1). Nimmt man jedoch die Ergebnisse der Fragen aus Teil 1b hinzu, wird sichtbar, dass das Textverständnis der Proband*innen beider Gruppen unterdurchschnittlich ist und ein Großteil den gelesenen Text nicht verstanden hat (vgl. Kap. 5.2). Daher scheint es wiederum, dass die gendergerechten Formulierungen in dieser Erhebung insgesamt nur eine untergeordnete Rolle für das Textverständnis gespielt haben – ähnlich wie bei Friedrich und Heise (2019), die ermitteln konnten, dass für die Verständlichkeit eines Textes vielmehr die allgemeine Formulierung ausschlaggebend ist als die Verwendung einer gendergerechten Sprache (vgl. Kap. 1.3).

Aus der Befragung geht ferner hervor, dass die Gesprächspartner*innen – anders als von Koehler im Vorfeld eingeordnet (vgl. Kap. 4.3.1) – gar nicht um Aussehen und Bedeutung des Gendersterns wussten. Auch eine Verbindung zwischen der Sternform und dem Geschlecht der im Text genannten Personen konnte in nur drei Fällen hergestellt werden (vgl. I1, Z. 103; I4, Z. 150; I7, Z. 153). Oftmals kam es auch insofern zu Unklarheiten, als dass nicht verstanden wurde, dass alle Personenbezeichnungen gegendert werden können, sondern dies im Verlauf der Befragung immer wieder lediglich auf das Wort bezogen wurde, anhand dessen das Gendern erklärt worden war (vgl. I11, Z. 92 131,

145f., 190; I13, Z. 242; I7, Z. 230ff.; I9, Z. 225ff.; I10, Z. 345). Daher macht es durchaus Sinn, dass der Genderstern, der nach den LS-Regeln als Sonderzeichen gilt (vgl. BMAS 2014), ohne vorherige Erklärung und Einordnung gar nicht verwendet werden sollte. Für diese Erklärung wurde der Einsatz eines Disclaimers vorgeschlagen. Dabei bleiben jedoch die Fragen offen, ob dieser genügt, um die Zielgruppe mit dem Gendern vertraut zu machen und wie er in allen Textsorten eingesetzt werden kann (vgl. Kap. 3).

Bleiben gendergerechte Formulierungen jedoch weiterhin so unbekannt, führt die Verwendung des Sterns nicht nur aufgrund der Kognitionsbarriere der Leser*innen (für nähere Ausführungen vgl. Kap. 5.4.2) zu einer Kommunikationseinschränkung, sondern auch, weil von ihm sowohl eine Sprachbarriere (in Folge des verminderten Sprachverstehens) als auch eine Kulturbarriere (aufgrund der fehlenden Voraussetzungen, um den dahinterliegenden Diskurs zu verstehen) ausgehen (vgl. Rink 2020a, b; Schubert 2016). Auf diese Barrieren sind ebenfalls die in vier Fällen aufgetretenen Verwechslungen der Endung **innen* mit den Adverbien *innen/drinnen* (vgl. I2.1, Z. 87; I9, Z. 111ff.; I12, Z. 119ff.; I14, Z. 188) zurückzuführen, da die betroffenen Personen versuchten, die Formulierung im Rahmen ihrer Möglichkeiten und des ihnen Bekannten einzuordnen. Da sie mit der gendergerechten Sprache jedoch nicht vertraut sind, gelang ihnen eine richtige Deutung nicht.

Dass das unbekannte Zeichen in keinem der Fälle angesprochen wurde, kann auf die ungewohnte Befragungssituation oder den Wunsch nach sozialer Anerkennung zurückgeführt werden, wobei Scham durch eine falsche, überflüssige oder peinliche Frage vermieden werden sollte (vgl. Hagen 2002). Zudem wurde von Moisl (2017) beschrieben, dass die Zielgruppe von sich aus keinen oder wenn, dann nur auf Nachfrage, Bezug auf kritische Themen nimmt.

Des Weiteren können bei Aussagen der Proband*innen, die die Wichtigkeit der gendergerechten Formulierungen unterstreichen, das Konzept als gut bewerten oder eine vermehrte Verwendung wünschen, diese Aspekte aber nicht oder nicht nachvollziehbar begründen können, Zustimmungstendenzen und ein sozial erwünschtes Antwortverhalten vermutet werden. Dies gilt ebenso für Teilnehmende, die schlicht nicht zugeben konnten, dass sie keine Antworten auf die Fragen nach Genderstern und Gendersprache wussten (vgl. Dworschak 2004; vgl. Kap. 4.2).

Die Verwendung des Asterisks als Genderzeichen wird vom Rat für deutsche Rechtschreibung nicht empfohlen, da er bereits mit anderen Funktionen besetzt ist und sich sein Gebrauch innerhalb von Wörtern negativ auf diverse Kriterien gendergerechter Schreibung auswirkt (vgl. RfdR 2021; Kap. 1.3). Auch in der vorliegenden Erhebung kam es in einem von 14 Fällen dazu, dass der Stern von einer Probandin als Ergänzungs-, bzw. Fußnotenzeichen (vgl. DIN 5008) interpretiert wurde und sie die eigentliche Bedeutung als Genderzeichen nicht erkannte (vgl. I6, Z. 73f.; 118f.).

Daneben zeigte sich die Aussprache bzw. die mit den Genderformen verbundene Geschlechterassoziation als nicht eindeutig: In der Erhebung wurden die Sternformen oftmals weiblich ausgesprochen, was damit zusammenhängen könnte, dass der Genderstern zugunsten von Frauen interpretiert wird und von ihm ein sog. female bias ausgeht (vgl. Körner et al. 2022; Kap. 1.3). Da jedoch auch die Beidnennung sowie in wenigen Fällen der Glottisschlag zu hören waren, wird davon ausgegangen, dass die Aussprache in diesem Kontext eher etwas mit Gewohnheit zu tun hat, bzw. dem Unwissen darüber, wie die Formulierung richtig betont werden soll. Dieses Problem scheint darüber hinaus nicht nur bei den Befragten der Erhebung eine Rolle zu spielen, sondern auch bei anderen Personen, die den Stern ohne Glottisschlag als weibliche Form aussprechen (vgl. Koenig 2020; Kap. 1.3). Zudem wurde in manchen Fällen bemerkt, dass explizit ein Geschlecht angesprochen wurde, wenn die Proband*innen eine eindeutige Vorstellung davon hatten – bspw. verzichtete eine weibliche, mit einem Mann liierte Teilnehmerin auf die Endung **in* und las lediglich *Partner*, weshalb angenommen wird, dass sie die Bezeichnung auf ihre eigene Lebenssituation bezogen hat (I3, Z. 53).

Aufgrund der vorangegangenen Diskussion und den beschriebenen Herausforderungen, die vom Genderstern ausgehen, stellt sich die Frage, ob die Verwendung anderer gendergerechter und genderneutraler Schreibweisen förderlicher für eine barrierefreie Kommunikation wäre, zumal auch vom Genderstern keine gleichberechtigte Repräsentation aller Geschlechter ausgeht (vgl. Körner et al. 2022; Kap. 1.3). In Kapitel 1.2 wurden verschiedene Möglichkeiten der sprachlichen Repräsentation aller Geschlechter vorgestellt, die im dritten Kapitel in den Kontext der Leichten Sprache eingeordnet wurden. Dabei findet die Partizipialform sowohl von Seiten der Gendergegner*innen wie auch der -befürworter*innen Zustimmung (vgl. Diewald 2020; vgl. Eisenberg 2020). Daneben stellt sie die in der Bevölkerung bevorzugte Form gendergerechter Schreibung dar (vgl. Adler; Plewina 2019) und es kann auch für die Leichte Sprache – zumindest in Bezug auf die bekannten und verbreiteten Formen – eine Empfehlung ausgesprochen werden (vgl. Bedijs 2021). Des Weiteren bieten sich auch Neutralisierungen an, die mittels geschlechtsindifferenter Substantive, neutraler Personenbezeichnungen oder geschlechtsneutraler Kurzwörter gebildet werden (vgl. Kap. 3). Bei der Verwendung gendergerechter Formulierungen muss insgesamt abgewogen werden, ob dadurch alle Menschen angesprochen werden sollen, ohne dass der Fokus explizit auf die Gendersprache gelegt wird oder ob – wie im Falle des auffälligeren Gendersterns – bewusster auf eine Geschlechterdiversität hingewiesen werden soll.

Trotz der dargestellten Auffälligkeiten, die von den Formulierungen mit Genderstern ausgehen, muss angemerkt werden, dass eine andere Ausprägung der Ergebnisse unter Durchführung der Untersuchung mit anderen Proband*innen nicht ausgeschlossen werden kann. Vor allem die Ausprägung des Textverständnisses sowie das Wissen um die Bedeutung des Gendersterns können als bedeutende Faktoren herausgestellt werden. Im nachfolgenden Teil werden daher die erhobenen Ergebnisse in Bezug auf die verwendete Methodik diskutiert und eingeordnet.

5.4.2 Diskussion der Ergebnisse im Hinblick auf die empirische Methodik

Die empirische Erhebung wird im Folgenden im Hinblick auf die befragten Personen, den verwendeten Text sowie die gestellten Fragen diskutiert.

Die Basis für die Auswahl der Proband*innen bildete ihr Interesse an einer Teilnahme und die Beurteilung ihrer Lesekompetenz durch das Betreuungspersonal der jew. Einrichtung (vgl. Kap. 4.3.4). Wie in den vorangegangenen Kapiteln jedoch ersichtlich wurde, waren die Lesefähigkeit und das Textverständnis der Teilnehmenden nicht sehr ausgeprägt und auch das Konzept des

Genderns war unter ihnen nicht bekannt. Deshalb kann rückblickend gesagt werden, dass es für das Sampling zum einen förderlich gewesen wäre, das Leseverhalten und die Lesefähigkeit der interessierten Personen im Vorfeld zu ermitteln und zu testen, da dies dabei hätte helfen können, die Teilnehmer*innen gezielter auszuwählen. Eine derartige Testung hätte bspw. mittels der lea-Diagnostik vorgenommen werden können, welche die Lesefähigkeit in vier verschiedene sog. Alpha-Levels einordnet, wobei nach Einschätzung von Bredel und Maaß (2016b) Personen, die nicht über das α-Level 1, also das Lesen von ganzen Wörtern, hinauskommen, auch Texte in Leichter Sprache nicht bewältigen könnten.

Zum anderen stellt die primäre Zielgruppe der Leichten Sprache keine einheitliche Gruppe dar, sondern kann gemäß der ICD-10 in vier Untergruppen eingeteilt werden (vgl. Zimpel 2009; Kap. 2.2). Diese Einteilung wird jedoch nur selten berücksichtigt, weil meist allgemein von Menschen mit geistiger Behinderung als Zielgruppe gesprochen wird. So zeigten sich auch in bisherigen Untersuchungen, bei denen keine nähere Einteilung der Proband*innen mit gB vorgenommen wurde, Unterschiede bzgl. der Ergebnisse (bspw. in Bezug auf die Beurteilung der Leichten Sprache als „zu leicht"; vgl. Lasch 2017; Kap. 2.4.2). Es wird vermutet, dass sich diese Unterschiede auf die Heterogenität der Zielgruppe zurückführen lassen. Daher wäre es durchaus sinnvoll, eine Einschätzung der Angemessenheit der Leichten Sprache in Bezug auf die Ausprägung der geistigen Behinderung vorzunehmen – so wie bei Lasch (2017), der sich dafür ausspricht, dass LS vor allem für Menschen mit einer leichten bis mittleren Intelligenzminderung geeignet sei. Der IQ hätten den Diagnosen der Proband*innen entnommen werden können. Da es sich bei Diagnosen jedoch um sehr sensible Daten handelt, wurden diese im Vorfeld nicht erhoben – auch um dadurch die Proband*innen oder ihre gesetzl. Betreuungen nicht abzuschrecken und die Teilnahme nicht zu gefährden.[46] Mit Blick auf die

46 Statt der Diagnosen hätten auch die weniger sensiblen Hilfebedarfsgruppen Aufschluss über die kognitiven Fähigkeiten geben können. Diese werden im Rahmen des in Wohneinrichtungen in Bayern noch immer vorherrschenden HMBW-Verfahrens ermittelt. Da die Finanzierung der Einrichtungen von den Hilfebedarfen ihrer Bewohner*innen abhängt, kann die Hilfebedarfsgruppe (1–5) den jew. Sozialleistungsbescheiden entnommen werden. Für weiterführende Informationen siehe: https://www.bezirk-niederbayern.de/fileadmin/

Ergebnisse der Erhebung lässt sich vermuten, dass sowohl die Einschätzung von Bredel und Maaß in Bezug auf die Lesefähigkeit als auch die Einordnung von Lasch (2017) zutreffend sind und es sinnvoll gewesen wäre, eine differenziertere Auswahl der Proband*innen (in Berücksichtigung derer kognitiven und Lesefähigkeiten) zu treffen.

Daneben waren auch diverse Kommunikationsbarrieren von Seiten der Befragten relevant. So trat in zwei Fällen eine Wahrnehmungsbarriere in Kombination mit einer Medienbarriere auf (vgl. Rink 2020b), da die beiden Teilnehmer den Text trotz angepasster Schriftgröße nicht gut erkennen konnten (vgl. I9; I13). Durch Vergrößerung der relevanten Textausschnitte mittels Smartphone-Kamera und Veränderung der Lichtverhältnisse konnte diesen Barrieren entgegengewirkt werden. Die hingegen häufiger vorhandene Kognitionsbarriere zeigte sich darin, dass die durchaus komplexe und abstrakte Inklusionsthematik des Textes nicht verstanden wurde (vgl. Schubert 2016; vgl. Rink 2020a; Kap. 2.4.1; Kap. 5.3).

Der verwendete Text wurde ausgewählt, da die Zahl an frei verfügbaren LS-Texten ohnehin begrenzt ist und er die gestellten Anforderungen (LS-Siegel, angemessene Länge, große Anzahl an Personenbezeichnungen, vgl. Kap. 4.3.2) am besten erfüllte. Jedoch waren seine Formulierungen komplex, weshalb davon ausgegangen wird, dass er nach den Kriterien der *optimalen* Verständlichkeit übersetzt worden war (vgl. Bock 2019; Kap. 2.4.2). Dadurch ging von ihm eine Sprachbarriere aus, die die Teilnehmer*innen zusätzlich forderte (vgl. Rink 2020b; Schubert 2016). Es ist anzunehmen, dass ein *maximal* verständlich übersetzter Text besser zu den Fähigkeiten der befragten Personen gepasst hätte und dadurch ein sinnentnehmendes Lesen eher möglich gewesen wäre (vgl. Bußmann 2021; Bredel, Maaß 2016b; Kap. 2.4.2).

Um möglichst vielfältige Ergebnisse zu erhalten, wurden in den verschiedenen Teilen der Erhebung unterschiedliche Frageformen miteinander kombiniert (vgl. Kap. 4.2; 4.3.3). Betrachtet man die Anzahl der richtigen Antworten des Teils 1a (Mittelwert = 7; vgl. Kap. 5.1) im Verhältnis zum mangelnden Textverständnis, das in Teil 1b ermittelt wurde, kann darauf geschlossen wer-

user_upload/bezirk/Dateien/Soziales/HMBWVerfahren/SV_HMBW-Leitfaden.pdf (Letzter Zugriff: 06.02.2023).

den, dass einige die Antworten in Teil 1a nur geraten haben – und das, obwohl versucht wurde, die Fragen bewusst so zu formulieren, dass geratene Antworten in der Regeln nicht mit der richtigen übereinstimmen (vgl. Kap. 4.3.3). Besonders deutlich fällt dies bspw. bei I7 auf, wo im ersten Teil alle möglichen Punkte erzielt wurden, im zweiten hingegen gar keine (vgl. Anhang 8; Anhang 9, Tabelle 3). Daneben gibt es andere Proband*innen, bei denen die Ausprägungen der beiden Teile erwartungsgemäß ausfallen (bspw. I2 oder I4 mit jew. 9 Punkten in Teil 1a und 2 Punkten in Teil 1b) und wieder andere, die bei den schwierigeren offenen Fragen mehr Punkte erzielen konnten als bei den einfacheren geschlossenen – I3 erzielte in Teil 1b die beste Punktzahl von allen Teilnehmenden, während in Teil 1a unterdurchschnittlich viele (6) richtige Antworten gegeben wurden. So können Verzerrungen zum einen nicht nur auf geratene Antworten, sondern – nach Christmann (2009) – auch auf weitere Faktoren wie verbale Intelligenz, die Fähigkeit, Schlussfolgerungen zu ziehen oder auch auf Allgemein- und Hintergrundwissen zurückgeführt werden.

Zum anderen lassen sich „Ankreuzmuster“ erkennen, wie bei Schäfers (2008), der bei Multiple-Choice-Fragen eine Tendenz zur Auswahl der letztgenannten Antwortmöglichkeit beschreibt. Da es im Teil 1b insgesamt drei richtige Antwortmöglichkeiten gab, wählten viele Proband*innen die ersten drei Antworten aus, ohne die letzte überhaupt durchzulesen. Auf Nachfrage gaben sie an, dass ja bereits drei Aspekte bestimmt wurden (vgl. I1; I3; I5; I6; I8; I10; I11; I12).

Dworschak (2004) merkte an, dass Menschen mit geistiger Behinderung durch die Bearbeitung eines Fragebogens oft vor Herausforderung gestellt werden. Der vorliegenden Erhebung kann jedoch entnommen werden, dass die Schwierigkeiten weniger von der schriftlichen Bearbeitung des Fragebogens ausgingen als mehr von den zur Verfügung stehenden Frageformaten: In Kap. 4.2 wurde dargestellt, dass in der Befragung von Menschen mit geistiger Behinderung vor allem geschlossene Frageformate wie Ja-/Nein- oder andere dichotome Fragen gut eingesetzt werden können, da diese häufig beantwortet werden, wohingegen bereits Multiple-Choice- oder weitere Differenzierungsfragen schlechter verarbeitet und darauf seltener eine Antwort gefunden werden kann. Dahingegen sind offene Fragestellungen zwar zentral für die qualitative Forschung, um damit neue Inhalte zu generieren; von Menschen mit geistiger Behinderung können sie jedoch nur noch schwieriger beantwortet werden, weil – anders als bei geschlossenen Fragen – keine Antwortmöglichkeiten vorgegeben und die Formulierung mit kognitiven Anstrengungen verbunden sind. Lediglich offene Fragen, die konkret und faktenbezogen die eigene Lebenswelt, den Alltag oder die Zufriedenheit betreffen, sind möglich, wohingegen abstrakte Fragen bspw. zu Einschätzungen – und das wurde auch in der vorliegenden Erhebung deutlich – oftmals zu komplex sind, da sie eine Distanz vom eigenen Handeln erfordern. Anhand dieser Ausführungen wird ersichtlich: Die Methoden aus der Verständlichkeitsforschung zur Ermittlung des Textverständnisses widersprechen in den meisten Fällen den vorgestellten Grundsätzen zur Befragung von Menschen mit geistiger Behinderung, denn bei dieser Untersuchung ließen sich keine Unterschiede zwischen den jeweiligen Frageformaten hinsichtlich eines besseren Zugangs zu diesen oder einer höheren Qualität der Antworten erkennen. Zwar sind die Methoden zur Befragung von Menschen mit geistiger Behinderungen nachvollziehbar, mittlerweile gut erprobt und sicherlich sinnvoll, um Erkenntnisse zum subjektiven Erleben und Empfinden einzelner Personen innerhalb ihrer direkten Umwelt zu gewinnen (bspw. in Form von Zufriedenheitsbefragungen innerhalb der betreuenden Einrichtung oder bei Hilfe- und Förderplangesprächen). Für die Generierung von neuem Wissen mittels qualitativer Methoden, die in einen größeren, gesellschaftlichen Kontext eingebettet sind, sind sie jedoch eher ungeeignet. Dies ist ein Dilemma, welches es weiter nachzuverfolgen und zu erforschen gilt, wenn Menschen mit geistiger Behinderung langfristig gesamtgesellschaftlich partizipieren und sich deren Teilhabe nicht ausschließlich auf ihr Leben in einer nach wie vor existierenden Sonderwelt zwischen Wohnheim und Werkstatt bewegen soll.

6 Fazit und Ausblick

Mit dieser Arbeit sollte untersucht werden, inwiefern die sprachlich-inklusiven Ansätze der Leichten und der gendergerechten Sprache im Konflikt zueinander stehen. Während Texte in Leichter Sprache durch die Reduzierung der sprachlichen und inhaltlichen Komplexität Informationen in einer für ihre Leser*innen möglichst verständlichen Form bereitstellen, zielen die Ansätze der gendergerechten Sprache auf die Repräsentation aller Geschlechtsidentitäten ab, was oftmals mit komplexeren sprachlichen Strukturen verbunden ist.

Dafür wurden zwei Versionen eines Textes in Leichter Sprache erstellt und jeweils einer Untersuchungsgruppe (mit Genderstern gegenderter Text) sowie einer Kontrollgruppe (nicht-gegenderter Text) vorgelegt. Durch die Bearbeitung eines Fragebogens (Teil 1a), der Beantwortung mündlicher Fragen (Teil 1b) und eines abschließenden Interviews (Teil 2) sollten Unterschiede im Textverständnis zwischen den beiden Gruppen ausgemacht und ggf. auf die gendergerechten Formulierungen zurückgeführt werden.

Aus der Darstellung der Ergebnisse ließ sich insgesamt festhalten, dass sich in Bezug auf das Textverständnis weder in Teil 1a noch 1b Unterschiede zwischen der Untersuchungs- und Kontrollgruppe ergeben haben. Daher spielen gendergerechte Formulierungen an dieser Stelle keine Rolle und es kann durch die Ergebnisse des Teils 1b angenommen werden, dass diese grundsätzlich erst zum Tragen kommen, wenn der Textinhalt in einem gewissen Ausmaß verstanden wurde, was beim Großteil der Teilnehmenden an dieser Erhebung nicht der Fall war. Ergänzend dazu ergab sich aus der Befragung in Teil 2, dass den Proband*innen das Konzept der gendergerechten Sprache außerdem nicht geläufig war und dieses auch nach einer kurzen Erklärung nicht verstanden wurde. Auswirkungen auf das Textverstehen konnten zwar in Bezug auf die Verwechslung mit dem Stern als Ergänzungszeichen oder der Endung *innen mit Adverbien beobachtet werden und auch die Aussprache war in vielen Fällen nicht klar. Insgesamt gingen von den gendergerechten Formulierungen jedoch nur bedingt Schwierigkeiten aus und Teil 2 bestätigt die Erkenntnisse des ersten Teils, nämlich dass ein grundsätzliches Textverständnis vorhanden sein und die Bedeutung des Genderkonzepts verstanden werden müssen, damit die Formulierungen beim Lesen überhaupt relevant werden und mögliche davon ausgehende Schwierigkeiten zum Tragen kommen.

Im Lichte der Ergebnisse können folgende Schlüsse gezogen werden: Der Genderstern ist nur eine Möglichkeit gendergerechter Schreibung – und zwar eine, von der verschiedene Kommunikationsbarrieren ausgehen. Durch die Ergänzung eines Disclaimers oder den Ersatz des Asterisks mit alternativen geschlechtsneutralen Formulierungen könnte diesen Barrieren entgegengewirkt werden. Daneben kann außerdem nicht angenommen werden, dass die Leichte Sprache von allen Leser*innen perfekt verstanden wird. Um Beeinträchtigungen des Textverstehens durch zu komplexe Texte zu begegnen, müsste im Sinne der Adressatenangemessenheit damit begonnen werden, die Leser*innen gemäß ihrer Fähigkeiten zu unterscheiden und entsprechende Angebote zu schaffen – bspw. durch die Einteilung von Texten in Leseniveaustufen, wobei auch unterschiedliche Arten der gendergerechten und -neutralen Formulierung den verschiedenen Niveaus zugeordnet werden sollten.

Zusammenfassend lässt sich festhalten: Egal welche Variante des Genderns gewählt wird, die gendergerechte Sprache stellt insgesamt ein wichtiges Instrument zur Teilhabe und Gleichstellung aller Menschen dar. Aus diesem Grund dürfen die beiden Sprachvarianten nicht gegeneinander ausgespielt werden, weshalb der Weg des geringsten Aufwands, indem Texte nur im generischen Maskulinum formuliert werden, keine angemessene oder zeitgemäße Lösung mehr darstellt. Es liegt daher bei den Übersetzer*innen und weiteren Textschaffenden der Leichten Sprache, gendergerecht zu schreiben und die Leser*innen gleichzeitig angemessen zu adressieren.

Literaturverzeichnis

ABRAHAM, BLEEN / KÖRNER, ANITA / RUMMER, RALF / STRACK, FRITZ (2022): Gender Representations elicited by the Gender Star Form. In: *Journal of Language and Social Psychology 0* (0) (bisher nur online). Verfügbar über: https://journals.sagepub.com/doi/pdf/10.1177/0261927X221080181 (Letzter Zugriff: 19.08.2022).

ADLER, ASTRID / HANSEN, KAROLINA (2020): Studenten, StudentInnen, Studierende? Aktuelle Verwendungspräferenzen bei Personenbezeichnungen: In: *Muttersprache.* Vierteljahrsschrift für deutsche Sprache, 1/2020, S. 47–63.

ADLER, ASTRID / PLEWINA, ALBRECHT (2019): Die Macht der großen Zahlen. Aktuelle Spracheinstellungen in Deutschland. In: Eichinger, Ludwig M. / Plewina, Albrecht (Hrsg.): *Neues vom heutigen Deutsch. Empirisch – methodisch – theoretisch.* Jahrbuch des Instituts für deutsche Sprache 2018, Berlin & Boston: de Gruyter, S. 141–162.

AKTION MENSCH E. V. (2018): Was ist eigentlich Inklusion. Version in Leichter Sprache. Verfügbar über: https://www.aktion-mensch.de/ds/inklusion/unterricht/download.php?id=369 (Letzter Zugriff: 18.12.2022).

ALBERS, LISA (2021): Wo soll die Reise hingehen? Studienprojekt: Forschung zum Thema Leichte Sprache. In: Netzwerk Leichte Sprache (Hrsg.): *Leichte Sprache verstehen. Mit Beispielen aus dem Alltag, Tipps für die Praxis und zahlreichen Texten in Leichter Sprache*, Wiesbaden: S. Marix Verlag, S. 185–193.

APEL, HEINER / MÉNDEZ, JOSEFINE / MICHAUX, VALERIE (2021): Mündlich gendern? Gerne. Aber wie genau? Ergebnisse einer Akzeptanzuntersuchung zu Formen des Genderns in der Mündlichkeit. In: Leibniz-Institut für deutsche Sprache (IDS) (Hrsg.) *Sprachreport*, 37. Jahrgang, Heft 2/2021. Verfügbar über: https://pub.ids-mannheim.de/laufend/sprachreport/pdf/sr21-2.pdf (Letzter Zugriff: 02.09.2022).

ARNADE, SIGRID (2015): „Nichts über uns ohne uns!“ – Die Zivilgesellschaft spricht mit. Staatliche Koordinierungsstelle und Parallelbericht. In: Degener, Theresia / Diehl, Elke (Hrsg.): *Handbuch Behindertenrechtskonvention. Teilhabe als Menschenrecht – Inklusion als gesellschaftliche Aufgabe,* Bonn: Bundeszentrale für politische Bildung, S. 93–101.

BANGEL, CHRISTIAN (2015): Im reaktionären Nebel. In: *ZEIT* online (09.03.2015). Verfügbar über: https://www.zeit.de/kultur/2015-03/gender-feminismus-birgit-kelle-kommentar (Letzter Zugriff: 26.08.2022).

BEDIJS, KRISTINA (2021): Schlägt Verständlichkeit Diversität – oder schafft Diversität Verständlichkeit? Zu Möglichkeiten und Grenzen gendersensibler Sprache in der Leichten Sprache. In: *trans-kom* 14/1, S. 145–170. Verfügbar über: https://www.trans-kom.eu/bd14nr01/trans-kom_14_01_08_Bedijs_Gender.20210517.pdf (Letzter Zugriff: 01.12.2022).

Bethke, Andreas (2020): Auf das gehörte Wort kommt es an: Der DBSV und Gendern. In: Bundesverband der Kommunikatoren e. V. (BdKom) (Hrsg.): *Kompendium gendersensible Sprache. Strategien zum fairen Formulieren,* S. 32. Verfügbar über: https://bdkom.de/sites/default/files/meldungen_files/kompendium_gendersensible_sprache_2.pdf (Letzter Zugriff: 02.09.2022).

Bethke, Andreas / Kruse, Klemens / Rebstock, Markus / Welti, Felix (2015): Barrierefreiheit. In: Degener, Theresia / Diehl, Elke (Hrsg.): *Handbuch Behindertenrechtskonvention. Teilhabe als Menschenrecht – Inklusion als gesellschaftliche Aufgabe*, Bonn: Bundeszentrale für politische Bildung, S. 170–188.

Bock, Bettina M. (2019): *„Leichte Sprache" – Kein Regelwerk. Sprachwissenschaftliche Ergebnisse und Praxisempfehlungen aus dem LeiSA-Projekt,* Berlin: Frank & Timme GmbH.

Bock, Bettina M. / Fix, Ulla / Lange, Daisy (2017): Das Phänomen „Leichte Sprache" im Spiegel aktueller Forschung – Tendenzen, Fragestellungen und Herangehensweisen. In: Bock, Bettina M. / Fix, Ulla / Lange, Daisy (Hrsg.): *„Leichte Sprache" im Spiegel theoretischer und angewandter Forschung*, Berlin: Frank & Timme, S. 11–31.

Bock, Bettina M. / Goldbach, Anne / Schuppener, Saskia (2019): Leichte Sprache – ein Mittel zur Barrierefreiheit? In: Bosse, Ingo; Schluchter, Jan-René / Zorn, Isabel (Hrsg.): *Handbuch Inklusion und Medienbildung,* Weinheim & Basel: Beltz Juventa, S. 216–222.

Bogner, Alexander / Littig, Beate / Menz, Wolfgang (2014): *Interviews mit Experten. Eine praxisorientierte Einführung*, Wiesbaden, Springer VS.

Braun, Friederike / Oelkers, Susanne / Rogalski, Karin / Bosak, Janine / Sczesny, Sabine (2007): „Aus Gründen der Verständlichkeit …": Der Einfluss generisch maskuliner und alternativer Personenbezeichnungen auf die kognitive Verarbeitung von Texten. In: *Psychologische Rundschau* 58 (3), S. 183–189. Verfügbar über: https://econtent.hogrefe.com/doi/epdf/10.1026/0033-3042.58.3.183 (Letzter Zugriff: 29.07.2022).

Bredel, Ursula / Maass, Christiane (2016a): *Leichte Sprache. Theoretische Grundlagen, Orientierung für die Praxis,* Berlin: Duden Verlag.

Bredel, Ursula / Maass, Christiane (2016b): *Ratgeber Leichte Sprache. Die wichtigsten Regeln und Empfehlungen für die Praxis,* Berlin: Duden Verlag.

Buchner, Tobias (2008): Das qualitative Interview mit Menschen mit so genannter geistiger Behinderung – Ethische, methodologische und praktische Aspekte. In: Biewer, Gottfried / Luciak, Mikael / Schwinge, Mirella (Hrsg.): *Begegnungen und Differenz: Menschen – Länder – Kulturen. Beiträge zur Heil- und Sonderpädagogik,* Bad Heilbrunn: Verlag Julius Klinkhardt, S. 516–528.

Buddeberg, Klaus / Grotlüschen, Anke (2019): Geringe Literalität unter Erwachsenen in Deutschland. In: Hurrelmann, Klaus / Quenzel, Gudrun (Hrsg.): *Handbuch Bildungsarmut*, Wiesbaden: Springer, S. 342–361.

Bussmann, Sven (2021): Warum gibt es Leichte Sprache? In: Netzwerk Leichte Sprache (Hrsg.): *Leichte Sprache verstehen. Mit Beispielen aus dem Alltag, Tipps für die Praxis und zahlreichen Texten in Leichter Sprache,* Wiesbaden: S. Marix Verlag, S. 21–23.

Christmann, Ursula (2009): Methoden zur Erfassung von Literalität. Vorabdruck aus: Bertschi-Kaufmann, Andrea / Rosebrock, Cornelia (Hrsg.): *Literalität. Bildungsaufgabe und Forschungsfeld*, München & Weinheim: Juventa Verlag, S. 181–200. Verfügbar über: https://www.psychologie.uni-heidelberg.de/ae/allg/mitarb/uc/Christmann_im%20Druck_Literalitat.pdf (Letzter Zugriff: 24.12.2022).

Destatis (2022): Statistik der schwerbehinderten Menschen, Kurzbericht 2021. Verfügbar über: https://www.destatis.de/DE/Themen/Gesellschaft-Umwelt/Gesundheit/Behinderte-Menschen/_inhalt.html#_8f7ocw62z (Letzter Zugriff: 02.12.2022).

Deutscher Bundestag, Wissenschaftliche Dienste (2016): Gender. Begriff, Historie und Akteure. Verfügbar über: https://www.bundestag.de/resource/blob/425662/d6f1279b77bec6f5770c31b6a4319725/WD-9-025-16-pdf-data.pdf (Letzter Zugriff: 26.08.2022).

Diewald, Gabriele (2020): „Alles ändert sich, aber nichts von allein". Eine Standortbestimmung zum Thema geschlechtergerechte Sprache. In: *Der Sprachdienst* 1-2/20, S. 1–14.

Diewald, Gabriele / Steinhauer, Anja (2020): *Handbuch geschlechtergerechte Sprache: Wie Sie angemessen und verständlich gendern*, Berlin: Dudenverlag.

Dresing, Thorsten / Pehl, Thorsten (2018): *Praxisbuch Interview, Transkription & Analyse. Anleitungen und Regelsysteme für qualitativ Forschende,* 8. Auflage, Marburg: Eigenverlag.

Dworschak, Wolfgang (2004): *Lebensqualität von Menschen mit geistiger Behinderung. Theoretische Analyse, empirische Erfassung und grundlegende Aspekte qualitativer Netzwerkanalyse,* Bad Heilbrunn: Verlag Julius Klinkhardt. Verfügbar über: https://www.researchgate.net/publication/285598726 (Letzter Zugriff: 27.12.2022).

Eifler, Stefanie / Leitgöb, Heinz (2019): Experiment. In: Baur, Nina / Blasius, Jörg (Hrsg.) *Handbuch Methoden der empirischen Sozialforschung*, 2., vollständig überarbeitete und erweiterte Auflage, Wiesbaden: Springer VS, S. 203–218.

Eisenberg, Peter (2020): Die Vermeidung sprachlicher Diskriminierung im Deutschen. In: *Muttersprache*. Vierteljahrsschrift für deutsche Sprache, 1/2020, S. 3–16.

Fornefeld, Barbara (2020): *Grundwissen Geistigbehindertenpädagogik*, 6., durchgesehene Auflage, München: Ernst Reinhardt.

Friedrich, Marcus C. G. & Heise, Elke (2019): Does the Use of Gender-Fair Language Influence the Comprehensibility of Texts? An Experiment Using an Authentic Contract Manipulating Single Role Nouns and Pronouns. In: *Swiss Journal of Psychology* 78 (1–2), S. 51–60. Verfügbar über: https://econtent.hogrefe.com/doi/pdf/10.1024/1421-0185/a000223?download=true (Letzter Zugriff: 31.07.2022).

Gaschke, Susanne / Schuster, Jacques (2021): Die Gender-Sprache ist eine Top-down-Veranstaltung. In: *Die WELT* (26.05.2021). Verfügbar über: https://

www.welt.de/politik/deutschland/plus231304851/Gendern-Die-Gender-Sprache-ist-eine-Top-down-Veranstaltung.html (Letzter Zugriff: 02.09.2022).

Gläser, Jochen / Laudel, Grit (2004): *Experteninterviews und qualitative Inhaltsanalyse*, Wiesbaden: VS Verlag für Sozialwissenschaften.

Göbel, Susanne (2015): Leichte Sprache öffnet Türen – Menschen mit Lernschwierigkeiten im Interview. In: Degener, Theresia / Diehl, Elke (Hrsg.): *Handbuch Behindertenrechtskonvention. Teilhabe als Menschenrecht – Inklusion als gesellschaftliche Aufgabe*, Bonn: Bundeszentrale für politische Bildung, S. 327–333.

Gros, Anne-Kathrin / Gutermuth, Silke / Oster, Katharina (2021): *Leichte Sprache – Empirische und multimodale Perspektiven*, Berlin: Frank & Timme GmbH.

Gutermuth, Silke (2020): *Leichte Sprache für alle? Eine zielgruppenorientierte Rezeptionsstudie zu Leichter und Einfacher Sprache*, Berlin: Frank &Timme GmbH.

Hagen, Jutta (2002): Zur Befragung von Menschen mit einer geistigen oder mehrfachen Behinderung. In: *Geistige Behinderung* 4/2002, S. 293–306.

Hetjens, Dominik / Rummel, Marlene (2021): Was sagt die Linguistik zum Gendern? Tendenzen in sechs Stereotypen. Verfügbar über: https://lingdrafts.hypotheses.org/2158 (Letzter Zugriff: 19.08.2022).

Hopf, Christel (1995): Qualitative Interviews in der Sozialforschung. Ein Überblick. In: Flick, Uwe / v. Kardorff, Ernst / Keupp, Heiner / v. Rosenstiel, Lutz / Wolff, Stephan (Hrsg.): *Handbuch qualitative Sozialforschung. Grundlagen, Konzepte, Methoden und Anwendungen*. 2. Auflage, Weinheim: Beltz Verlag, S. 177–182.

Infratest dimap (2021): Weiter Vorbehalte gegen gendergerechte Sprache. Verfügbar über: https://www.infratest-dimap.de/umfragen-analysen/bundesweit/umfragen/aktuell/weiter-vorbehalte-gegen-gendergerechte-sprache/ (Letzter Zugriff: 30.08.2022).

Jacobi, Petra (2020): *Barrierefreie Kommunikation im Gesundheitswesen. Leichte Sprache und andere Methoden für mehr Gesundheitskompetenz*, Berlin: Springer Nature

Jacobi, Petra (2021): Was ist Leichte Sprache? In: Netzwerk Leichte Sprache (Hrsg.): *Leichte Sprache verstehen. Mit Beispielen aus dem Alltag, Tipps für die Praxis und zahlreichen Texten in Leichter Sprache*, Wiesbaden: S. Marix Verlag, S. 24–31.

Janssen, Elke / Kuttner, Doreen (2021): Die Geschichte der Leichten Sprache. In: Netzwerk Leichte Sprache (Hrsg.): *Leichte Sprache verstehen. Mit Beispielen aus dem Alltag, Tipps für die Praxis und zahlreichen Texten in Leichter Sprache*, Wiesbaden: S. Marix Verlag, S. 32–36.

Kellermann, Gudrun (2014): Leichte und Einfache Sprache – Versuch einer Definition. In: *Aus Politik und Zeitgeschichte* (APuZ), 9–11/2014, S. 7–10.

Koehler, Stefanie (2021): Leichte Sprache auf dem Weg in die Zukunft der digitalen Barrierefreiheit. In: Netzwerk Leichte Sprache (Hrsg.): *Leichte Sprache verstehen. Mit Beispielen aus dem Alltag, Tipps für die Praxis und zahlreichen Texten in Leichter Sprache*, Wiesbaden: S. Marix Verlag, S. 175–184.

Koehler, Stefanie / Wahl, Michael / BFIT-Bund (Hrsg.) (2021): Empfehlung zu gendergerechter, digital barrierefreier Sprache. Verfügbar über: https://www.bfit-bund.de/DE/Publikation/empfehlung-gendergerechte-digital-barriere freie-sprache-studie-koehler-wahl.html (Letzter Zugriff: 01.12.2022).

Koenig, Gabriel_Nox (2020): Wie gendern Trans*personen? In: Bundesverband der Kommunikatoren e. V. (BdKom) (Hrsg.): *Kompendium gendersensible Sprache. Strategien zum fairen Formulieren*, S. 32. Verfügbar über: https://bdkom.de/sites/default/files/meldungen_files/kompendium_gendersensible_sprache_2.pdf (Letzter Zugriff: 02.09.2022).

Kotthoff, Helga / Nübling, Damaris (2018): *Genderlinguistik. Eine Einführung in Sprache, Gespräch und Geschlecht*, Tübingen: Narr Francke Attempto Verlag.

Krell, Claudia / Lamnek, Siegfried (2016): *Qualitative Sozialforschung*, 6., überarbeitete Auflage, Weinheim: Beltz Verlag.

Krome, Sabine (2020a): Statement des Rats für deutsche Rechtschreibung. Der Genderstern belegt den ersten Platz. In: Bundesverband der Kommunikatoren e. V. (BdKom) (Hrsg.): *Kompendium gendersensible Sprache. Strategien zum fairen Formulieren*, S. 44–45. Verfügbar über: https://bdkom.de/sites/default/files/meldungen_files/kompendium_gendersensible_sprache_2.pdf (Letzter Zugriff: 02.09.2022).

Krome, Sabine (2020b): Zischen gesellschaftlichem Diskurs und Rechtschreibnormierung: Geschlechtergerechte Schreibung als Herausforderung für gelungene Textrealisation. In: *Muttersprache*. Vierteljahrsschrift für deutsche Sprache, 1/2020, S. 64–78.

Kuckartz, Udo (2018): *Qualitative Inhaltsanalyse. Methoden, Praxis, Computerunterstützung*, 4. Auflage, Weinheim und Basel: Beltz Verlag.

Laga, Gerd (1982): Methodologische und Methodische Probleme bei der Befragung Geistig Behinderter. In: Heinze, Rolf G. / Runde, Peter (Hrsg.): *Lebensbedingungen Behinderter im Sozialstaat*, Opladen: Westdeutscher Verlag, S. 223–239.

Lakoff, Robin (1973): Language and woman's place. In: *Language in Society*, Vol. 2, Nr. 1, S. 45–80. Verfügbar über: http://www.jstor.org/stable/4166707 (Letzter Zugriff: 27.08.2022).

Lang, Katrin (2020): Die rechtliche Lage zu Barrierefreier Kommunikation in Deutschland. In: Maaß, Christiane / Rink, Isabel (Hrsg.): *Handbuch Barrierefreie Kommunikation*, Berlin: Frank & Timme GmbH, S. 67–93.

Lasch, Alexander (2017): Zum Verständnis morphosyntaktischer Merkmale in der funktionalen Varietät „Leichte Sprache". In: Bock, Bettina M. / Fix, Ulla / Lange, Daisy (Hrsg.): *„Leichte Sprache" im Spiegel theoretischer und angewandter Forschung*, Berlin: Frank & Timme, S. 275–299.

Lüthen, Alexandra (2019): *Allen eine Chance. Warum wir Leichte Sprache brauchen*, Berlin: Dudenverlag.

Maass, Christiane (2015): *Leichte Sprache. Das Regelbuch*, Berlin: LIT Verlag.

Maass, Christiane / Rink, Isabel (2020): Über das Handbuch Barrierefreie Kommunikation. In: Maaß, Christiane / Rink, Isabel (Hrsg.): *Handbuch Barrierefreie Kommunikation*, Berlin: Frank & Timme GmbH, S. 17–25.

Mayring, Phillip (2015): *Qualitative Inhaltsanalyse. Grundlagen und Techniken*, 12., überarbeitete Auflage, Weinheim und Basel: Beltz Verlag.

Mayring, Philipp (2016): *Einführung in die qualitative Sozialforschung. Eine Anleitung zu qualitativem Denken*, 6., überarbeitete Auflage, Weinheim und Basel: Beltz Verlag.

Mey, Günter / Mruck, Katja (2010): Interviews. In: Mey, Günter / Mruck, Katja (Hrsg.): *Handbuch Qualitative Forschung in der Psychologie,* Wiesbaden: Springer Verlag. S. 423–435.

Moisl, Dominique (2017): Methoden zur Befragung von Menschen mit geistiger Behinderung. Public Health Forum, 25/4, S. 312–323. Verfügbar über: https://www.ssoar.info/ssoar/handle/document/69648 (Letzter Zugriff: 03.01.2023).

Müller-Spitzer, Carolin (2021): Genus ist nicht gleich Sexus, aber ist damit schon alles gesagt? Geschlechtergerechte Sprache: Linguistisches Hintergrundwissen für eine konstruktive Debatte. In: *Der Deutschunterricht* Jg. 73 (2021) Nr. 3, S. 84–89. Verfügbar über: https://ids-pub.bsz-bw.de/files/10521/Mueller_Spitzer_Genus_ist_nicht_gleich_Sexus_2021.pdf. (Letzter Zugriff: 22.07.2022).

Müller-Spitzer, Carolin (2022): Zumutung, Herausforderung, Notwendigkeit? Zum Stand der Forschung zu geschlechtergerechter Sprache. In: *Aus Politik und Zeitgeschichte* (APuZ), 5–7/2022, S. 23–29.

Musolff, Andreas / Roman-Barbas, Alfonso (2016): Sprachkultur und „Leichte Sprache“. In: *Aptum. Zeitschrift für Sprachkritik und Sprachkultur,* Heft 3/2014, S. 214–225. Verfügbar über: https://www.researchgate.net/publication/357855235. (Letzter Zugriff: 28.10.2022).

Nelles-Rehbach, Angelika (2021): Einführung. Der Verein Netzwerk Leichte Sprache e. V. In: Netzwerk Leichte Sprache (Hrsg.): *Leichte Sprache verstehen. Mit Beispielen aus dem Alltag, Tipps für die Praxis und zahlreichen Texten in Leichter Sprache*, Wiesbaden: S. Marix Verlag, S. 15–18.

Niediek, Imke (2016): Wer nicht fragt, bekommt keine Antworten – Interviewtechniken unter besonderen Bedingungen. In: *Zeitschrift für Inklusion* (4). Verfügbar über: https://www.inklusion-online.net/index.php/inklusion-online/article/view/323 (Letzter Zugriff: 26.12.2022):

Pollatschek, Nele (2022): They: Gendern auf Englisch. In: *Aus Politik und Zeitgeschichte* (APuZ), 5–7/2022, S. 8–9.

Prantl, Heribert (2019): Sehr geehrter Mensch. In: *Süddeutsche Zeitung* (07.01.2019). Verfügbar über: https://www.sueddeutsche.de/politik/divers-drittes-geschlecht-gesetz-1.4276490 (Letzter Zugriff: 08.02.2023).

Pusch, Luise F. (1990): *Alle Menschen werden Schwestern. Feministische Sprachkritik,* Frankfurt am Main: Suhrkamp Verlag.

Rat für deutsche Rechtschreibung (RfdR) (2018): Bericht und Vorschläge der AG „Geschlechtergerechte Schreibung“ zur Sitzung des Rats für deutsche

Rechtschreibung am 16.11.2018. Revidierte Fassung aufgrund des Beschlusses des Rats vom 16.11.2018. Verfügbar über: https://www.rechtschreibrat.com/DOX/rfdr_2018-11-28_anlage_3_bericht_ag_geschlechterger_schreibung.pdf. (Letzter Zugriff: 07.09.2022).

Rat für deutsche Rechtschreibung (RfdR) (2021): Geschlechtergerechte Schreibung: Empfehlungen vom 26.03.2021. Verfügbar über: https://www.rechtschreibrat.com/DOX/rfdr_PM_2021-03-26_Geschlechtergerechte_Schreibung.pdf. (Letzter Zugriff: 07.09.2022).

Reiss, Kristina (2010): Linguistik: Von Feministischer Linguistik zu genderbewusster Sprache. In: Becker, Ruth / Kortendiek, Beate (Hrsg.): *Handbuch Frauen- und Geschlechterforschung. Theorie, Methoden, Empirie,* 3., erweiterte & durchgesehene Auflage, Wiesbaden: Springer Verlag, S. 170–175.

Rink, Isabel (2020a): Kommunikationsbarrieren. In: Maaß, Christiane / Rink, Isabel (Hrsg.) *Handbuch Barrierefreie Kommunikation*, Berlin: Frank & Timme GmbH, S. 29–65.

Rink, Isabel (2020): *Rechtskommunikation und Barrierefreiheit. Zur Übersetzung juristischer Informations- und Interaktionstexte in Leichte Sprache,* Berlin: Frank & Timme GmbH.

Rocktäschel, Lucia Clara (2021): *Richtig gendern für Dummies,* Weinheim: VCH-Wiley.

Rödder, Andreas / Rödder, Silvana (2022): Sprache und Macht. In: *Aus Politik und Zeitgeschichte* (APuZ) 5–7/2022, S. 6–7.

Romir, Peter (2021): Gendergerechte Sprache: Wie kommen Menschen mit Behinderung damit klar? Verfügbar über: https://www.nordbayern.de/freizeit-events/gendergerechte-sprache-wie-kommen-menschen-mit-behinderung-damit-klar-1.11167811 (Letzter Zugriff: 22.12.2022).

Rüdebusch, Frauke (2020): Standpunkt der Gesellschaft für deutsche Sprache zu einer geschlechtergerechten Sprache. In: *Der Sprachdienst,* 64. Jahrgang, Heft 1–2, S. 51–62.

Schäfers, Markus (2008): *Lebensqualität aus Nutzersicht. Wie Menschen mit geistiger Behinderung ihre Lebenssituation beurteilen*, Wiesbaden: Springer Verlag.

Stefanowitsch, Anatol (2020): Der Professor, die Professor, das Professor. In: Der Tagesspiegel (03.09.2020). Verfügbar über: https://www.tagesspiegel.de/wissen/warum-sprachwandel-notwendig-ist-der-professor-die-professor-das-professor/26155414.html (Letzter Zugriff: 30.08.2022).

Stein, Dörte (2021): Gendern als Ausschlusskriterium: Symbolkämpfe in der Sackgasse. Verfügbar über: https://taz.de/Gendern-als-Ausschlusskriterium/!5782080/?s=08 (Letzter Zugriff: 25.08.2022).

Welke, Antje (2017): Barrierefreiheit. In: Deutscher Verein für öffentliche und private Fürsorge e. V. (Hrsg.): *Fachlexikon der Sozialen Arbeit,* 8., völlig überarbeitete und aktualisierte Auflage, Baden-Baden: Nomos, S. 78–79.

Wilkens, Leevke (2019): Interviews mit Menschen mit komplexen Kommunikationsbedürfnissen – Hinweise für InterviewerInnen. In: Ling, Karen / Niediek, Imke

(Hrsg.): *UK im Blick: Perspektiven auf Theorien und Praxisfelder in der Unterstützte Kommunikation*, Düsseldorf: Verlag selbstbestimmtes Leben, S. 337–346.

Witzel, Andreas (2000): Das problemzentrierte Interview. In: *Forum Qualitative Sozialforschung* 1/1, Art. 22. Verfügbar über: https://www.researchgate.net/publication/228581012 (Letzter Zugriff: 12.01.2023).

YouGov (2020): Finden Sie geschlechtergerechte Sprache, sogenanntes Gendern, wichtig oder unwichtig? In: Statista (26.05.2020). Verfügbar über: https://de.statista.com/statistik/daten/studie/1120925/umfrage/umfrage-in-deutschland-zur-relevanz-von-geschlechtergerechter-sprache/#statisticContainer (Letzter Zugriff: 30.08.2022).

ZDF (2021): ZDF-Politbarometer: Mehrheit für Impfpflicht in Klinik und Schule. Verfügbar über: https://www.zdf.de/nachrichten/politik/politbarometer-corona-impfpflicht-kanzlerkandidaten-100.html?slide=1626374938965 (Letzter Zugriff: 02.09.2022).

Żebrowska, Ewa (2018): Kommunikat. In: De Gruyter (Hrsg.) Wörterbücher zur Sprach- und Kommunikationswissenschaft (WSK) Online. Verfügbar über: https://www.degruyter.com/database/wsk/search?query=*&documentVisibility=all&databases=wsk&keywordTypesAndValues=dbLemma%7EKommunikat&matchAnyTerm=false (Letzter Zugriff: 31.10.2022).

Zimpel, André Frank (o. J.) Geistige Behinderung. In: Ziemen, Kerstin (Hrsg.): *Inklusion Lexikon*. Verfügbar über: http://www.inklusion-lexikon.de/GeistigeBehinderung_Zimpel.pdf (Letzter Zugriff: 11.11.2022).

Abbildungsverzeichnis

Anhangsverzeichnis

Anhang 1: Leitfaden Expertinnen-Interview mit Stefanie Koehler vom Netzwerk Leichte Sprache e. V. am 27.04.2022.
Anhang 2: Text Inklusion (nicht gegendert).
Anhang 3: Fragebogen Inklusion (nicht gegendert).
Anhang 4: Text Inklusion (gegendert).
Anhang 5: Fragebogen Inklusion (gegendert).
Anhang 6: Leitfaden zur Erhebung des Einflusses gendergerechter Sprache auf die Verständlichkeit von Texten in Leichter Sprache für Menschen mit geistiger Behinderung.
Anhang 7: Elterninformation und Einverständniserklärung.
Anhang 8: Auswertungsraster Teil 1a.
Anhang 9: Auswertungsschema und -raster Teil 1b.
Anhang 10: Kategoriensystem zur strukturierenden Inhaltsanalyse (Teil 2).
Anhang 11: Transkript Interview 1 (nicht gegendert).
Anhang 12: Transkript Interview 2.1 (gegendert; nur Aussprache der gegenderten Wörter).
Anhang 13: Transkript Interview 2.2 (gegendert).
Anhang 14: Transkript Interview 3 (gegendert).
Anhang 15: Transkript Interview 4 (nicht gegendert).
Anhang 16: Transkript Interview 5 (gegendert).
Anhang 17: Transkript Interview 6 (nicht gegendert).
Anhang 18: Transkript Interview 7 (nicht gegendert).
Anhang 19: Transkript Interview 8 (gegendert).
Anhang 20: Transkript Interview 9 (gegendert).
Anhang 21: Transkript Interview 10 (gegendert).
Anhang 22: Transkript Interview 11 (nicht gegendert).
Anhang 23: Transkript Interview 12 (nicht gegendert).
Anhang 24: Transkript Interview 13 (gegendert).
Anhang 25: Transkript Interview 14 (nicht gegendert).

Den Anhang finden Sie als Download mittels QR-Code bzw. unter folgendem Link: https://www.frank-timme.de/site/assets/files/6672/anhang.pdf

INKLUSION UND GESELLSCHAFT

Bd. 1 Norbert Störmer: Inklusion zwischen Utopie und Realität. 594 Seiten. ISBN 978-3-7329-0472-3

Bd. 2 Evelyn Kiok: Inklusion vor, auf und hinter der Bühne. Barrierefreie Kommunikation im Theater. 124 Seiten. ISBN 978-3-7329-0788-5

Bd. 3 Manfred Jödecke: Inklusion im Spiegel der neunten Kunst. Lebensvielfalt im Comic verstehen *aus sich selbst heraus*. 176 Seiten. ISBN 978-3-7329-0809-7

Bd. 4 Bernadette Hofer-Bonfim / Magdalena Zehetgruber / Elisabeth Peters / Johannes Schnitzer (eds.): Diversity and Inclusion across languages. Insights into communicative challenges from theory and practice. 222 Seiten. ISBN 978-3-7329-0886-8

Bd. 5 Susanne Römer: Inklusive Lernszenarien. Das Konzept der reflektierten Selbsterfahrung(en). 394 Seiten. ISBN 978-3-7329-0940-7

Bd. 6 Jacqueline Tross: Divers versus verständlich? Gendergerechte Formulierungen in Texten der Leichten Sprache. 114 Seiten. ISBN 978-3-7329-0992-6

Frank & Timme